Peter Owen

Das kleine KNOTEN BUCH

DELIUS KLASING VERLAG

WARNUNG
Kunstfaserleinen schmelzen, wenn sie heiß werden. Reibung
kann deshalb dazu führen, dass die Leine geschwächt wird und
bricht – mit fatalen Folgen insbesondere für den Kletterer. Wird also
Kunstfasertauwerk Reibung ausgesetzt, ist größte Vorsicht
und Umsicht geboten.

Bibliografische Information der Deutschen Nationalbibliothek
Die Deutsche Nationalbibliothek verzeichnet diese Publikation
in der Deutschen Nationalbibliografie; detaillierte bibliografische
Daten sind im Internet über http://dnb.dnb.de abrufbar.

16. Auflage
ISBN 978-3-7688-0976-4
© Copyright 1996 Quintet Publishing Limited, London N7 9BH
Die Rechte für die deutsche Ausgabe liegen beim Verlag
Delius Klasing Verlag GmbH Bielefeld

Illustrationen: Peter Owen
Fotos: Paul Forrester, Georg Steele, Keith Waterton
Übersetzung: Aloys von Hammel
Einbandgestaltung: Ekkehard Schonart
Printed in China 2025

Alle Rechte vorbehalten! Ohne ausdrückliche Erlaubnis des
Verlages darf das Werk weder komplett noch teilweise reproduziert,
übertragen oder kopiert werden, wie z. B. manuell oder mithilfe
elektronischer und mechanischer Systeme inklusive Fotokopieren,
Bandaufzeichnung und Datenspeicherung.

Delius Klasing Verlag, Siekerwall 21, D - 33602 Bielefeld
Tel.: 0521/559-0, Fax: 0521/559-115
E-Mail: info@delius-klasing.de
www.delius-klasing.de

Inhalt

EINFÜHRUNG 6

- Wie ein Seil entsteht 7
- Bruchlast 11
- Welches Material für welchen Zweck? 11
- Wahl des richtigen Knotens 13
- Teile eines Seils 14
- Wie man dieses Buch benutzt 14

KNOTEN 15

- Stopperknoten 15
- Steke 21
- Feste Augen 37
- Verbinden von Enden 49
- Laufende Knoten 59
- Verkürzungssteke 63
- Knoten für Sportangler 67

GLOSSAR 77

REGISTER 80

Einführung

Unter Knoten versteht man im allgemeinen ein Ineinanderschlingen der Tampen eines Endes oder der Enden einer Leine, einer Schnur auf die Weise, daß der Knoten sicher und für viele bestimmte Zwecke geeignet ist. Dazu gehören neben dem Verschnüren von Paketen, dem Zubinden von Schuhen, dem Festmachen von Booten, dem Sichern von Bergsteigern und dem Zelten viele andere Verwendungsmöglichkeiten.

Genau betrachtet ist nicht jeder Knoten ein »Knoten«. Es gibt auch Verbindungsknoten und Steke.

- Ein *Knoten* verbindet die beiden Enden einer Leinenlänge.

- Ein *Verbindungsknoten* verbindet zwei verschiedene Leinenlängen.

- Ein *Stek* verbindet eine Leine mit etwas anderem als einer Leine, wie z. B. einem Stock, Zeltnagel oder Karabiner.

Manche Menschen machen nie Knoten. Einige verwenden Knoten, damit ein Geschenk den Empfänger sicher und heil erreicht. Andere wollen den Sturz von einer Felswand verhindern. Wichtig zu wissen ist in jedem Fall, daß ein Knoten die Bruchlast der Leine, des Seils, der Schnur verringert. Bruchlast bedeutet: die Höchstzugkraft, bei der die Leine reißt. Im ungünstigsten Fall reduziert ein Knoten die Bruchlast um 85 %, im günstigsten Fall um 15 %.

Die Vielzahl und Vielfalt von Knoten ist verwirrend und unübersichtlich. In einer klassischen Knotensammlung sind an die 4500 Knoten beschrieben. Gewöhnlich kann man sich glücklich schätzen, wenn man etwa ein halbes Dutzend Knoten binden bzw. lösen kann. Einige wenige zu beherrschen ist sinnvoller als das Halbwissen über einige Dutzend. Ich hoffe, mit diesem Buch ein wenig den Ehrgeiz des Lesers anzufachen.

Wie ein Seil entsteht

Wenn man ein bißchen darüber weiß, wie ein Seil entsteht, versteht man auch mehr vom Anfertigen eines Knotens und von seinem begrenzten Einsatz.

Üblicherweise werden Kardeele aus Fasern miteinander verdrillt, so daß sie ein »geschlagenes« Seil bilden. Gewöhnlich sind es drei Kardeele. Die Richtung, in der die Kardeele miteinander verseilt sind, bestimmt den sogenannten Schlag: rechtsherum oder linksherum. Es gibt rechts- oder linksgeschlagene Seile. Den Unterschied kann man auf folgende Weise feststellen: Von welchem Ende aus man ein rechtsgeschlagenes Seil auch betrachtet, der Verlauf der Kardeele führt vom Betrachter weg, und zwar im Uhrzeigersinn. Ein linksgeschlagenes Seil sieht man heute nur noch selten, aber wenn, dann gilt das Gegenteil: Die Kardeele führen vom Betrachter weg, und zwar entgegen dem Uhrzeigersinn.

Von welcher Seite aus man ein rechtsgeschlagenes Seil auch betrachtet – die Kardeele führen aufwärts, und zwar rechtsherum. Linksgeschlagene Seile sind eine Rarität.

Die Herstellung eines Seils beginnt mit dem Verseilen von Fasern rechtsherum zu Garn. Mehrere Garne werden – nun in gegenläufiger Richtung – zu einem Kardeel und mehrere Kardeele schließlich entgegen der vorherigen Richtung zu einem rechtsgeschlagenen Seil verseilt.

Ein rechtsgeschlagenes Seil wird folgendermaßen hergestellt:
Fasern werden rechtsherum zu Garn miteinander verseilt. Dann werden mehrere Garne linksherum zu einem Kardeel verseilt. Und schließlich werden mehrere Kardeele rechtsherum zu einem Seil verseilt. Wichtig ist, daß bei den einzelnen Schritten der Drall umgekehrt wird. Damit ist sichergestellt, daß die einzelnen Komponenten nicht miteinander verschmelzen. Das bewirkt eine größere Festigkeit des Seils.

Seile aus Naturfasern

Bis etwa zum Zweiten Weltkrieg wurden alle Seile aus Naturfasern hergestellt, im wesentlichen aus Hanf, Manila, Baumwolle, Kokosfasern, Flachs und Sisal. Neben dreikardeeligen rechtsgeschlagenen Seilen gab es auch die bereits erwähnten linksgeschlagenen. Und um größere Geschmeidigkeit und Glätte zu erreichen, wurden vier- und sechskardeelige Seile gefertigt. Die Herstellung von Tauwerk mit einer geraden Anzahl von Kardeelen erfordert jedoch eine Seele oder einen Kern, der verhindert, daß die äußeren Kardeele sich zusammenschieben.

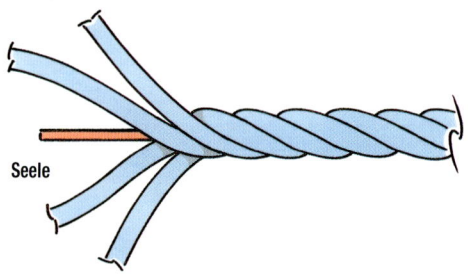

Ein charakteristisches Merkmal für die Festigkeit von geschlagenem Tauwerk ist, sich bei Zug gewissermaßen »abzuwickeln«. Die Seele eines geradzahlig kardeeligen Seils ist notwendigerweise steif, das heißt, es dehnt sich nicht. Folglich ist die Festigkeit eines solchen Seils reduziert.

Das dreikardeelige Tauwerk hat sich als das stabilste aus Naturfasern erwiesen. Heute findet man selten anderes als rechtsgeschlagenes dreikardeeliges Naturfaser-Tauwerk.

Obgleich modernes Kunstfaser-Tauwerk viele vergleichbare Probleme aufweist, hat ein Seil aus Naturfasern seine speziellen. Wenn es naß wird, quillt es. Dadurch wird das Lösen von Knoten äußerst schwierig. Außerdem hat das Material die Tendenz, leicht spröde zu werden. Grelles Sonnenlicht und Chemikalien greifen es ebenso an wie Kunstfaserseile.

Seile aus Kunstfasern

Die Festigkeit von Naturfaser-Tauwerk ist begrenzt, weil die Fasern relativ kurz sind. Kunstfasern dagegen können in beliebiger Länge produziert werden. Deshalb ist Kunstfaser-Tauwerk erheblich stabiler. Es ist auch leichter, läßt sich einfärben und ist stärker belastbar; es absorbiert plötzliche ruckartige Belastungen, ist mehr oder weniger immun gegen Verrotten, Schimmel und Schäden durch Salzwasser. Da es kaum Wasser aufnimmt, verändert sich die Bruchlast auch bei Nässe nur gering.

Seile aus *Polyamid* (Nylon) dehnen sich mehr als alle anderen. Deshalb eignen sie sich besonders zum Absorbieren schockartiger Belastungen. Folglich werden sie vorzugsweise als Ankertrosse, beim Klettern oder beim Schleppen von Booten und Autos verwendet. Sie sind nicht schwimmfähig.

Seile aus *Polyester* sind annähernd so stabil wie solche aus Polyamid, aber nicht so dehnfähig. Deshalb eignen sie sich besonders für Fallen und Schoten auf Segelyachten. Sie sind ebenfalls nicht schwimmfähig.

Seile aus *Polypropylen* sind steif, relativ preiswert, vielseitig verwendbar und schwimmfähig. Sie sind vergleichsweise rauh und grob in der Handhabung. Segler benutzen sie gern als Festmacher.

Seile aus *Polyethylen* haben eine äußerst geringe Bruchdehnung. Polyethylenfasern werden als Kernmaterial für besondere Fallen und Schoten eingesetzt.

Seile aus *Aramid* sind wohl die stabilsten unter den Kunstfaserseilen – und sicherlich die teuersten. Grelles Sonnenlicht zerstört dieses Material mehr als anderes, so daß Seile, die ein grundsätzlich besseres Preis-Leistungs-Verhältnis aufweisen, vielfach vorgezogen werden.

Nachteil aller Kunstfaserseile: Sie sind derart geschmeidig, daß sich einige Knoten darin leicht von selbst lösen. Aus diesem Grunde ist es zur Sicherheit ratsam, zusätzlich einen haben Schlag zu legen.

Einige Kunstfaserseile sind in gleicher Weise geschlagen wie kardeelige Seile aus Naturfasern, andere sind geflochten.

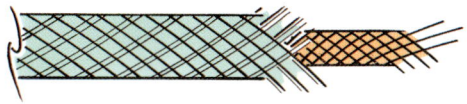

Ein geflochtenes Seil hat einen Mantel aus 16 oder mehr Kardeelen, die einen Kern umgeben. Dieser Kern (Seele) kann entweder aus einem Geflecht oder aus einem festen Kern aus parallel angeordneten Kunstfasern bestehen. Vielfach ist der Kern auch leicht gedreht.

Ein mögliches Problem bei Kunstfaserseilen ist, daß das Material bei Überhitzung schmilzt. Hitze kann dadurch entstehen, daß das Seil an einer Klampe oder einem Karabiner schamfilt oder sogar an einem anderen Seil. Im extrem Fall kann das schließlich zum Bruch des Seils führen. Es ist auch möglich, daß sich Hitze beim Straffziehen des Knotens entwickelt. Mit dem Ergebnis, daß

Gebräuchliche Seile

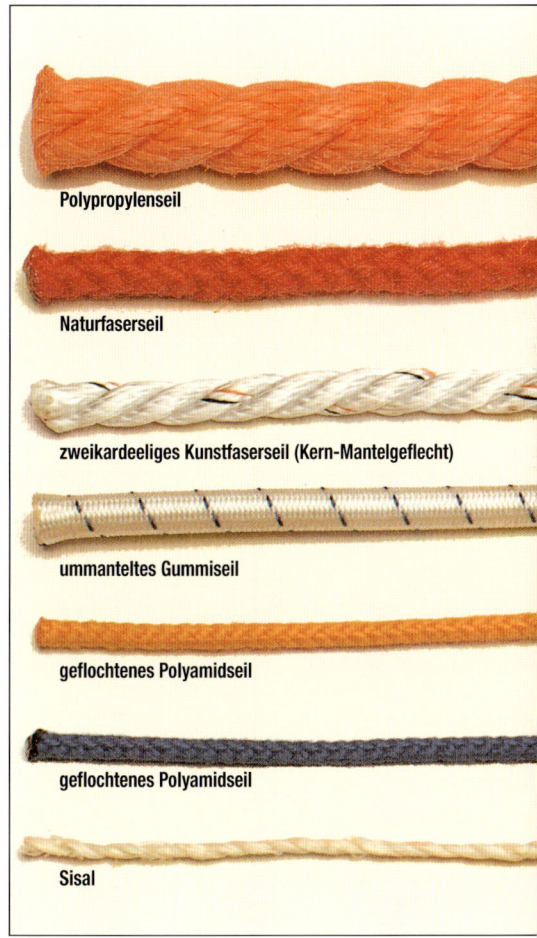

Polypropylenseil

Naturfaserseil

zweikardeeliges Kunstfaserseil (Kern-Mantelgeflecht)

ummanteltes Gummiseil

geflochtenes Polyamidseil

geflochtenes Polyamidseil

Sisal

Die Bruchlast eines modernen Seils liegt weit oberhalb der Kräfte, die bei einem Sturz auftreten. Für den Kletterer viel entscheidender ist, daß das Seil die Fallenergie absorbiert.

sich der verschmolzene Klumpen, der eigentlich ein Knoten ist, nicht mehr lösen läßt.

Seile, insbesondere Kunstfaserseile, sollten nie schnell durch die Hände gleiten – das kann zu schmerzhaftem Brennen führen. Man muß das Seil Hand über Hand führen.

Ein Seil mit dem doppelten Durchmesser eines anderen Seils ist viermal so stark. Das liegt daran, daß bei Verdoppelung des Durchmessers die Fläche quadratisch zunimmt. Daraus folgt jedoch nicht zwangsläufig, daß das stabilste Seil im Laden gleichzeitig das beste für die vorgesehene Verwendung ist. Es gibt vielfach andere, bedeutend wichtigere Kriterien für die Wahl des richtigen Tauwerks. Manchmal ist Elastizität wichtiger als Festigkeit. Vielleicht muß das Seil schockartige Belastungen abfangen können. In diesem Fall ist ein Seil aus Polyamid eine gute Wahl. Andererseits kann ein Seil, das für den gegebenen Zweck stark genug ist, zu dünn sein, um es bequem handhaben zu können.

Beim Kauf sollte man um steifes Tauwerk einen Bogen machen. Ständiger Gebrauch macht es nicht geschmeidiger. Gedrehtes Faserseil, das aus relativ dickem, miteinander verdrilltem Multifilament (Mehrfachfasern) hergestellt wird, ist sehr widerstandsfähig gegen Verschleiß. Andererseits läßt es sich schlecht knoten. Zudem halten die Knoten nicht gut und sind nicht sicher genug.

Segler sollten als Ankertrosse keine schwimmfähige Leine verwenden, auf keinen Fall in Häfen. Jede Leine, die an der Oberfläche schwimmt, wird irgendwann von dem Propeller eines vorbeifahrenden Motorbootes zerlegt. Schwimmleinen sollten nur beim Anlegen an Kais oder Schwimmstegen und als Rettungsleine bzw. Bergeleine zwischen dem Rettungskörper und dem Boot eingesetzt werden.

Bruchlast (in kg)

Material	Durchmesser			Material	Durchmesser		
	6 mm	8 mm	10 mm		6 mm	8 mm	10 mm
Aramid-Kern	1118	2504	3845	Polyester, 16er-Geflecht	1000	1704	2604
Polyamid, dreikardeelig	750	1354	2086	Polypropylen, dreikardeelig	500	909	1363
Polyester, dreikardeelig	568	1022	1590	Polyethylen, dreikardeelig	154	700	1091

Welches Material für welchen Zweck?

Seile müssen dem jeweiligen Zweck entsprechen. Ausschlaggebend ist dabei sowohl das Material als auch die Machart (gedreht oder geflochten).

Verwendung / Material	für alle Zwecke	Klettern	Schleppen	Ankern	Festmachen	Fallen	Angeln
Polyester				X	X	X	
Polyamid	X	X	X	X	X		X
Polypropylen			X		X		

Der (hier nicht gerade sorgfältig gemachte) Webeleinstek ist nicht besonders fest, aber mit ihm kann der Segler die Länge der Leine zwischen Boot und Mooring regulieren.

Der unverkennbare Nutzen des Straßenräubersteks (S. 22). Ein Zug am Tampen, und der Stek ist lose. Er eignet sich dazu, etwas zu fieren oder zeitweise etwas festzumachen.

Verschweißen der Enden

Wenn man ein Kunstfaserseil bei einem Händler kauft, schneidet er mit einem Heißschneider die gewünschte Länge von der Rolle. Die Enden werden dabei scharfkantig verschweißt. Trennt man selbst eine Kunstfaserleine durch, benutzt man normalerweise ein Messer und verschmilzt anschließend die Fasern mit einem Feuerzeug.

Pflege

Tauwerk ist teuer und sollte deshalb pfleglich behandelt werden. Man sollte vermeiden, es über scharfe oder rauhe Kanten zu führen oder über schmutzige, sandige Oberflächen. Dadurch werden die Fasern beschädigt. Auch sollte man Leinen nicht mit Gewalt knicken.

Bevor man eine Leine aufschießt, muß sie trocken sein; das gilt für Natur- und Kunstfaserleinen gleichermaßen. Hat die Leine in Seewasser gelegen, muß sie mit Frischwasser abgespült werden. Am Ende der Saison sollten die Leinen gründlich mit Spülmittel gereinigt und alle Spuren von Öl oder angetrocknetem Teer mit Benzin oder einem Lösungsmittel (Trichlorethylen) entfernt werden.

Knoten schwächen Leinen. Wenn die Leine bricht, dann unmittelbar vor oder hinter dem Knoten. Viele der am meisten benutzten Knoten sind schädlich für die Leine, am schädlichsten der einfache Überhandknoten (S. 16). Man sollte nie zwei Leinen unterschiedlichen Materials gemeinsam benutzen, weil nur die festere die Zugbelastung auffängt.

Aufschießen einer Leine

Das Aufschießen dient hauptsächlich dazu, daß die Leine sofort einsetzbar ist und sich gut abwickelt. Eine aufgeschossene Leine kann man leicht am Rucksack befestigen oder über die Schulter legen.

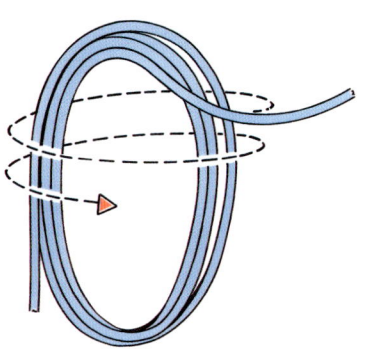

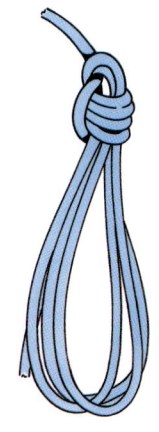

Wahl des richtigen Knotens

Der Hauptgrund, warum man eher den einen als den anderen Knoten verwendet, liegt in der jeweiligen Festigkeit. Das ist besonders wichtig für Kletterer und Bergsteiger, aber auch für Seeleute. Weitere Eigenschaften wie schnelle und leichte Anfertigung, Dicke und Zuverlässigkeit beeinflussen die Wahl zusätzlich.

Kletterer benutzen gewöhnlich voluminöse Knoten mit mehreren Rundtörns. Sie sollen die Belastungen absorbieren und verhindern, daß das Seil mehr als nötig geschwächt wird. Die Knoten müssen regelmäßig kontrolliert werden, insbesondere solche in steifen Seilen, denn es ist viel schwieriger, eine steife als eine flexiblere Leine zu knoten. Außerdem sind die Knoten in dem steifen Seil vielfach weniger sicher.

Angler benutzen ähnliche, aber viel kleinere, zylinderförmige Knoten, teils um ihre Chancen für einen guten Fang zu erhöhen, teils um die teuren Angelschnüre zu schonen.

Generell sollte man den Knoten nach Gebrauch so bald wie möglich lösen. Das geht um so leichter, wenn man gleich den richtigen Knoten gewählt hat. Knoten, die sich in Luft auflösen, wenn man sie slippt, sind deswegen nicht weniger stabil und sicher – wie zum Beispiel der Webeleinstek und der Prusikknoten (s. S. 27 und 35).

Abschließend sei daran erinnert, daß das Knotenmachen Übung erfordert, so lange, bis man jeden einzelnen Schritt beherrscht und nicht mehr über ihn nachdenken muß – auf halbem Wege zum Gipfel oder auf See. Unter bestimmten Umständen kann das eigene Leben oder das der Freunde davon abhängig sein.

Teile eines Seils

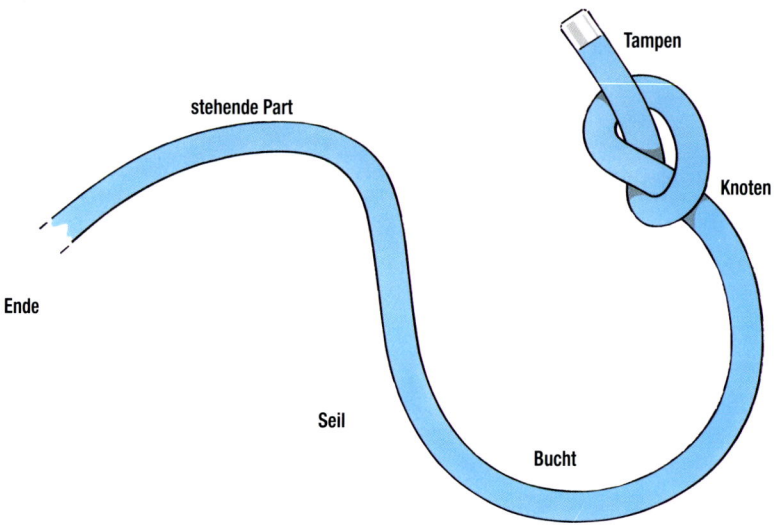

Wie man dieses Buch benutzt

Die gezeichneten Sequenzen bei den einzelnen Knoten-Beschreibungen sprechen für sich selbst. Die Pfeile verdeutlichen die Richtung, in die man den Tampen stecken oder ziehen muß. Wichtig ist, daß man genau verfolgt, ob der Tampen jeweils unter oder über die stehende Part zu legen ist. Sonst kann das Ergebnis ein völlig anderer Knoten sein.
Die verschiedenen Knoten eignen sich für verschiedene Zwecke – siehe dazu die Symbole rechts, die sich bei den folgenden Knoten-Beschreibungen wiederfinden, je nachdem, wofür der jeweilige Knoten anwendbar ist.

allgemeine Zwecke

Camping

Klettern

Segeln

Angeln

Stopperknoten

Überhandknoten

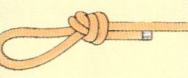
Schlaufenknoten

Mehrfacher Überhandknoten

Wurfleinenknoten

Achtknoten

Stopperknoten werden meistens benutzt, den Tampen einer Leine zu sichern oder eine Schnur oder ein Bändsel daran zu hindern, durch ein Auge oder Loch zu slippen. In der Seefahrt dienen sie unter anderem dazu, den Tampen einer Wurfleine zu beschweren. Darüber hinaus werden sie beim Klettern, Campen und Sportangeln benutzt. Auch als Zierknoten findet man sie.

Überhandknoten

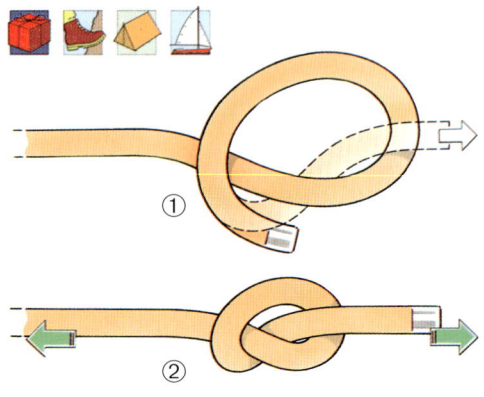

Dieser Knoten bildet die Basis vieler anderer Knoten. Er wird als Stopperknoten am Ende einer Leine benutzt, ist bei Seeleuten aber nicht beliebt, weil er in festgezogenem und nassem Zustand nicht zu lösen ist.
Mit der festen Part ein Auge bilden und den Tampen hindurchstecken (1). Nach beiden Seiten festziehen (2).

Schlaufenknoten

Dieser Knoten sieht zwar klobig aus, ist aber in solchen Fällen, in denen man einen sperrigen Stopperknoten braucht, äußerst hilfreich. Er hat den Nachteil, daß die Leine möglicherweise abgeschnitten werden muß, weil der Knoten schwer zu lösen ist.
Tampen doppelt legen, ein Auge bilden und die lose Part von unten durchstecken (1). Festziehen (2).

Mehrfacher Überhandknoten

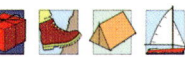

Auch als Französischer Knoten oder Blutknoten bekannt. Die Bezeichnung Blutknoten rührt daher, daß der Knoten in die Enden der neunschwänzigen Katze geknüpft war. Die Kapuzinermönche benutzen ihn in der Kordel ihrer Kleidung, damit die Kordelschnüre sauber hängt.

Seeleute verwenden ihn zum Beschweren oder als Stopperknoten in dünnerem Tauwerk. Er läßt sich allerdings schwer wieder öffnen, besonders nachdem er naß geworden ist.

Wichtig an diesem Knoten ist die weite und lockere Schlaufe (1). Indem man gleichzeitig an beiden Parten zieht (2 und 3), zieht man den Knoten zusammen. Es darf nirgends mehr Zwischenräume und Luft geben.

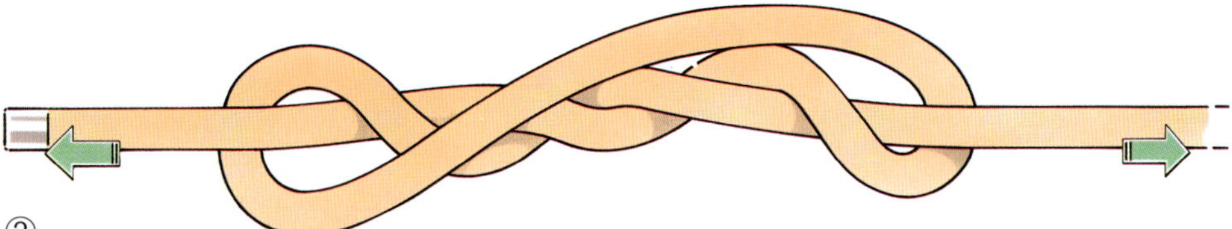

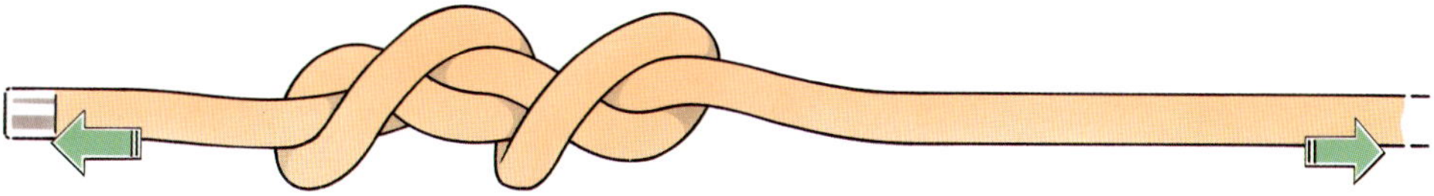

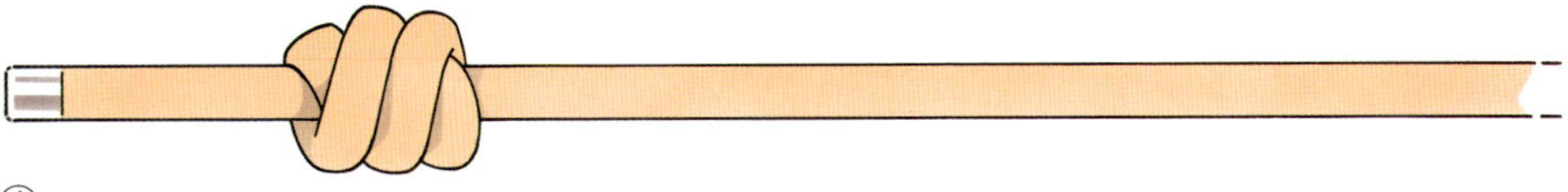

Wurfleinenknoten

Der Knoten, auch als Franziskaner- oder Mönchsknoten bekannt, wird hauptsächlich zum Beschweren einer Wurfleine oder als Stopperknoten in dünnen Leinen gebraucht. Franziskanermönche benutzen den Knoten als Gewicht an der Kordel, die sie als Gürtel tragen. Wurfleinen haben normalerweise 10-15 mm Durchmesser und sind bis zu 25 m lang. Sie sollten flexibel und schwimmfähig sein. Je mehr Törns dicht bei dicht um beide Parten des Auges geschlagen werden (1, 2), um so schwerer ist der Knoten. Stecke schließlich den Tampen durch die Bucht (3) und ziehe die feste Part so weit aus den Törns heraus, bis der Tampen gut bekniffen ist (4).

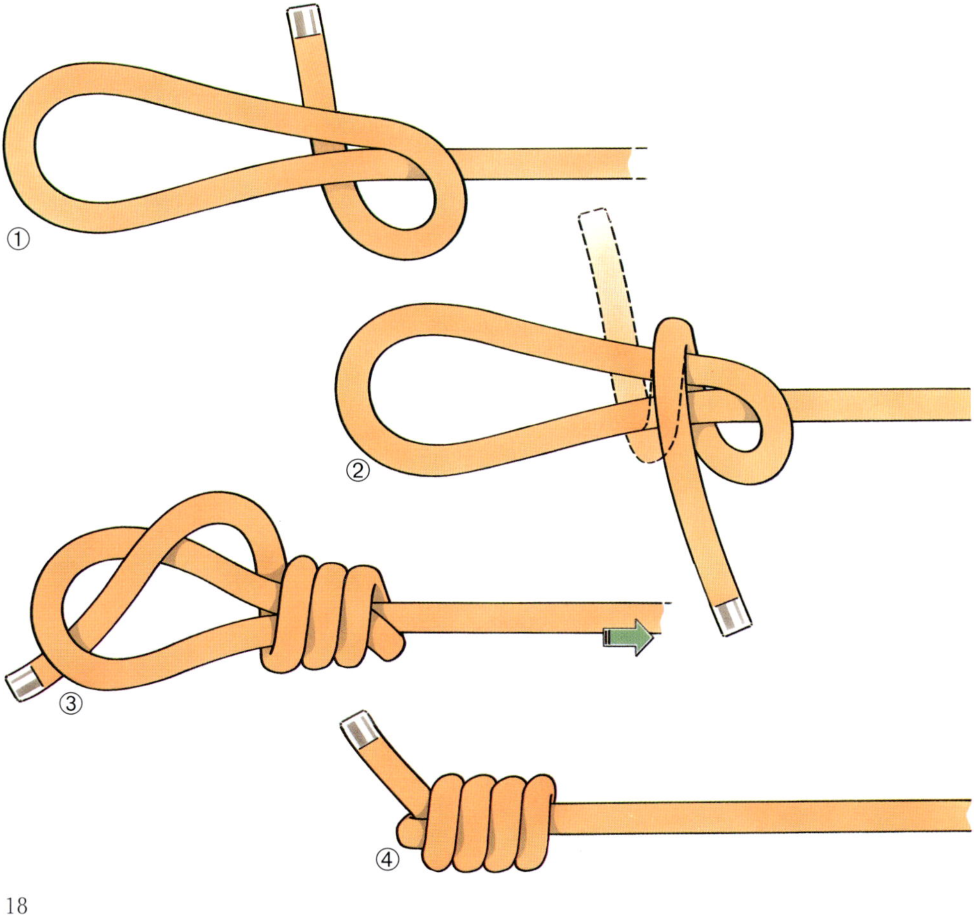

Achtknoten

Dieser verschlungene Knoten galt lange als Symbol gegenseitiger Zuneigung, und in der Heraldik symbolisiert er treue Liebe und ewige Freundschaft.

Bilde eine Bucht im Tampen der Leine und führe die lose Part unter der festen hindurch (1). Stecke die lose Part von oben durch das Auge (2), ziehe beide Parten fest (3).

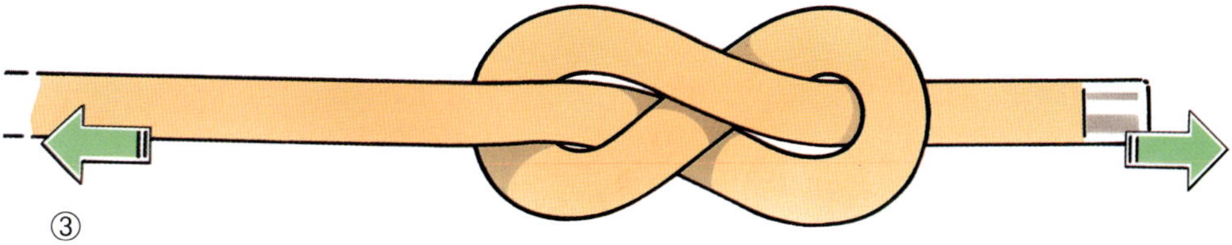

Affenkette

Diese dekorative Kette läßt sich ganz einfach anfertigen, indem man einige Achtknoten in der gleichen Richtung macht.

Als Gürtel oder als Tragriemen für eine Schultertasche geeignet.

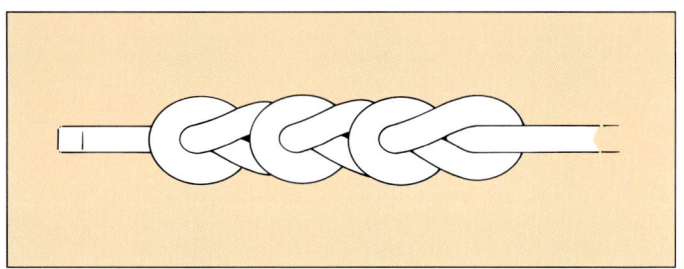

Steke

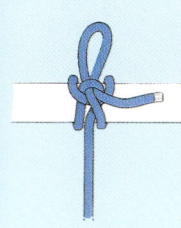
Straßenräuberstek

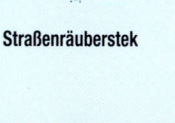
Zimmermannsstek

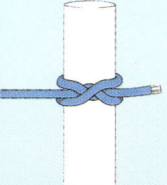
Würgeknoten

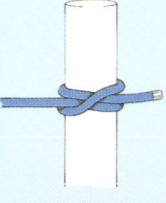
Webeleinstek

Steke dienen dazu, eine Leine an einem Pfahl, Stock oder einer Stange oder an einer anderen Leine anzuschlagen. Steke behalten ihre Form nicht von selbst. Da sie von Seglern oft zum Festmachen, Verankern und Verbinden gebraucht werden, müssen sie parallelem Zug standhalten können.

Roringstek

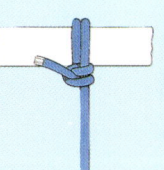
Rundtörn mit zwei halben Schlägen

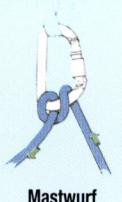
Mastwurf

Prusikknoten

21

Straßenräuberstek

Der Name rührt daher, daß der Knoten vermutlich von Räubern benutzt wurde, um die Zügel ihrer Pferde schnell loswerfen und flüchten zu können. Ein Zug am Tampen, und der Stek ist lose. Ziehen an der festen Part öffnet ihn nicht.

Bilde eine Bucht und lege sie von unten über die Stange (1). Hole eine in der festen Part gebildete Bucht durch diese Bucht nach oben (2). Bilde mit dem Tampen erneut eine Bucht und ziehe sie durch die vorherige Bucht der festen Part (3). Hole den Stek an der festen Part dicht (3, 4).

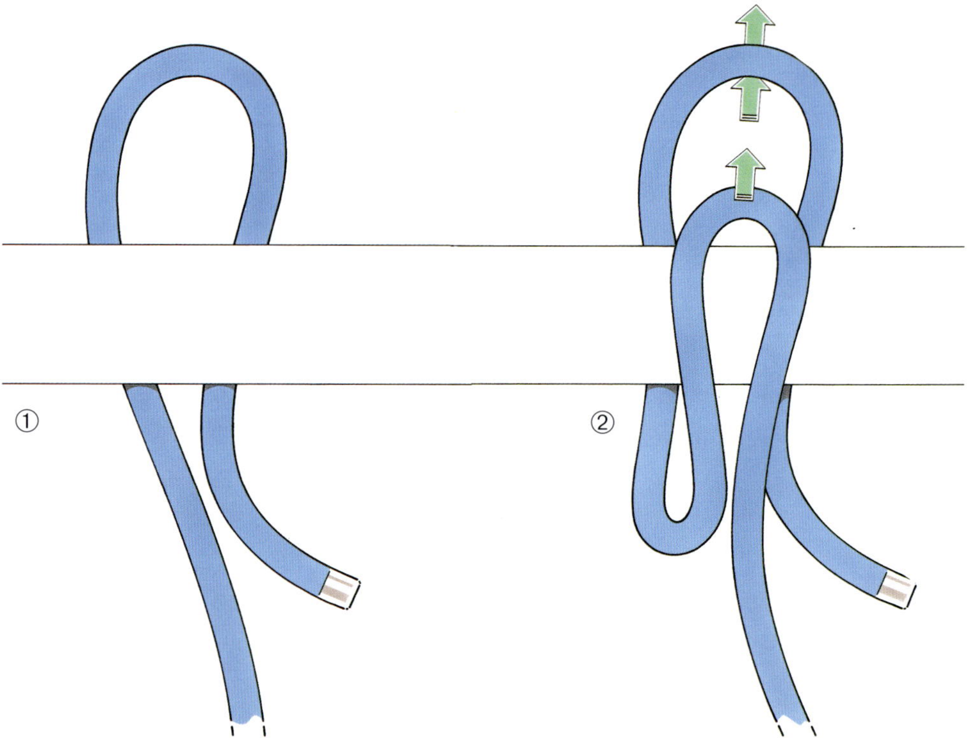

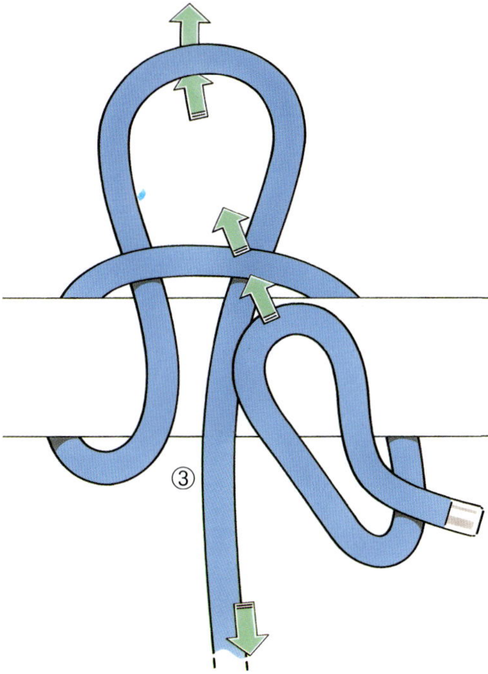

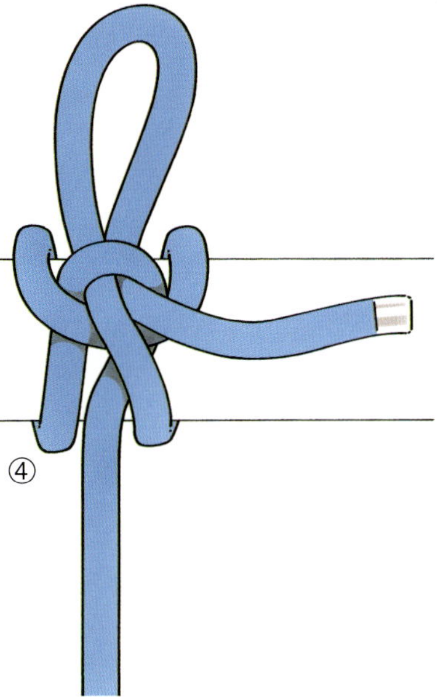

Halber Schlag

Für sich allein kann der halbe Schlag keine Kraft aufnehmen. Er wird aber benutzt, andere Knoten zu ergänzen, z. B. an Ringen oder Stangen. Der Tampen wird von vorne durch den Ring und dann in das damit gebildete Auge geführt. Der erste halbe Schlag ist fertig. Folgende halbe Schläge werden alle auf einmal durchgezogen.

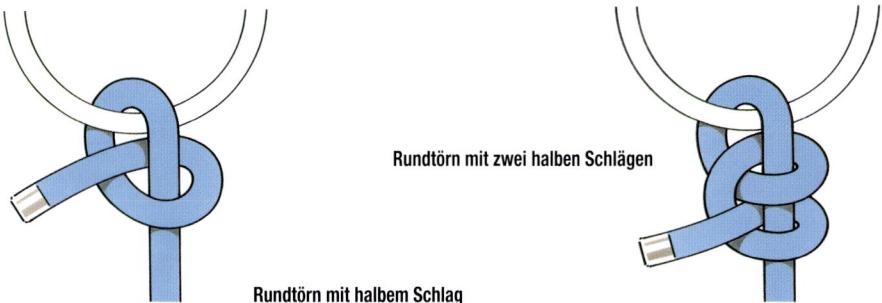

Rundtörn mit zwei halben Schlägen

Rundtörn mit halbem Schlag

Sprossenknoten

Gärtner benutzen den Sprossenknoten, um Spaliere aufzustellen oder Bohnenstangen zusammenzubinden. Er ist mit dem Würgeknoten (S. 25) verwandt, und wie bei diesem werden die Enden dicht am Knoten abgeschnitten – der Ordentlichkeit halber oder auch dann, wenn die Latten, Pfähle usw. weit auseinander sind. Dadurch läßt sich ohne Verlust an Sicherheit viel Material sparen.

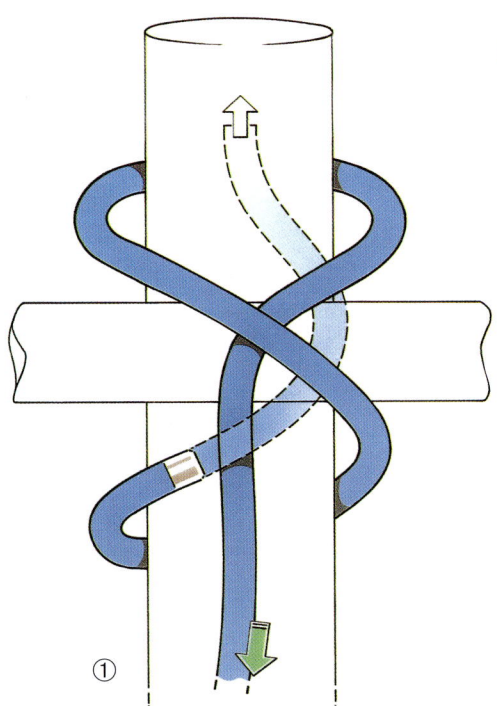

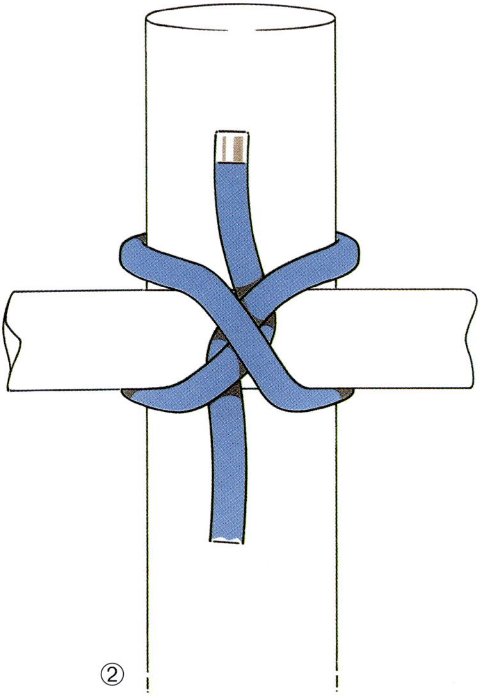

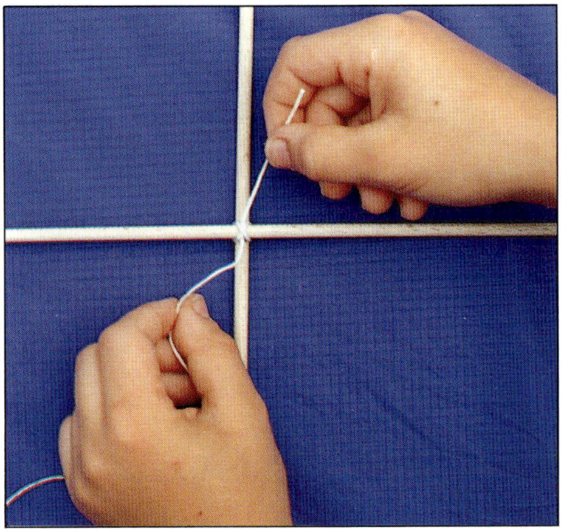

Kreuzweises Zusammenbinden von Rundhölzern geht am besten mit dem Sprossenknoten.

Würgeknoten

Dieser Knoten hat in den letzten Jahren an Popularität gewonnen, und er läßt sich dutzendfach anwenden. Beispielsweise, um den Tampen einer Leine dauerhaft oder provisorisch zu betakeln oder um bei Bastelarbeiten zwei Hölzer bis zum Austrocknen des Leims in Position zu halten.

Der Würgeknoten wird aus einem Überhandknoten gebildet (1) und hält über eine gewölbte Oberfläche gebunden derart fest, daß man ihn mit dem Messer durchschneiden muß, will man ihn entfernen. Es sei denn, man hat zum Schluß eine Bucht zum Slippen eingebunden.

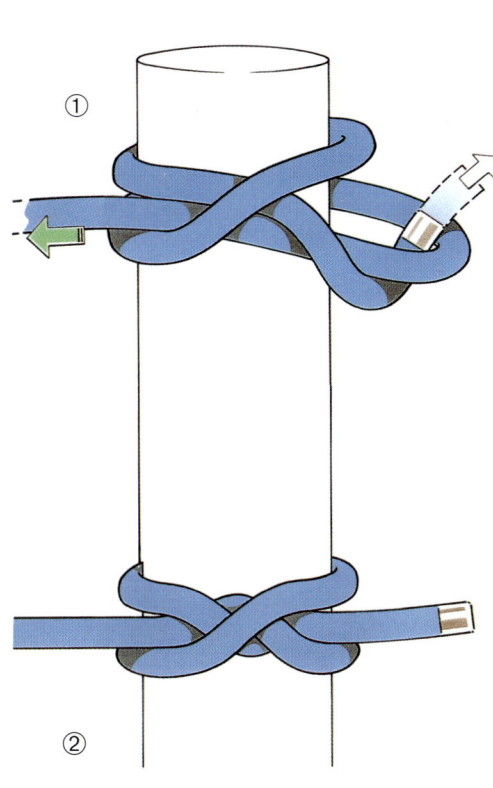

Kuhstek

Der Kuhstek, auch Ringstek oder Lerchenkopf, wird gewöhnlich um einen Ring oder eine Stange gelegt, um vorübergehend etwas festzumachen, beispielsweise eine Kuh.

Tampen von vorn durch den Ring stecken (1), an der stehenden Part vorbei erneut durch den Ring, diesmal von hinten (2). Den Stek an der festen Part (2) dichtholen (3).

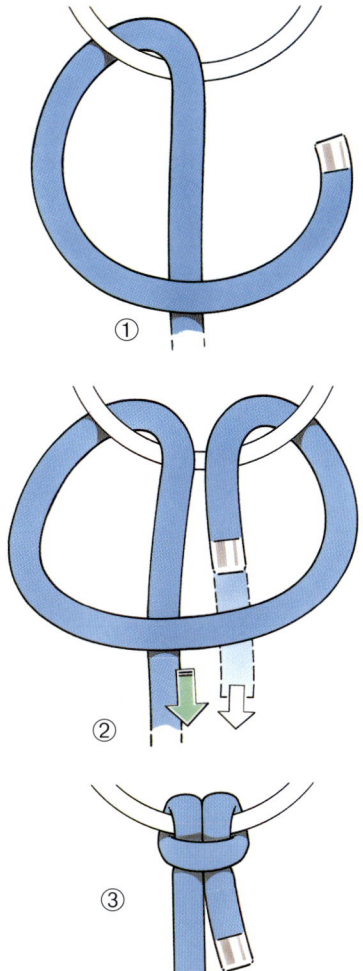

Zimmermannsstek

Der Zimmermannsstek dient zum Anstecken eines Endes an Balken, Spieren, Bretter usw., um sie zu hieven.

Man führt den Tampen um die Last und um die stehende Part (1), und schließlich törne man den Tampen um die letzte Part des Auges (2). Drei Windungen reichen gewöhnlich. Bei besonders dicken Gegenständen braucht man ein paar mehr. Den Stek nach oben und unten hin festziehen (2, 3).

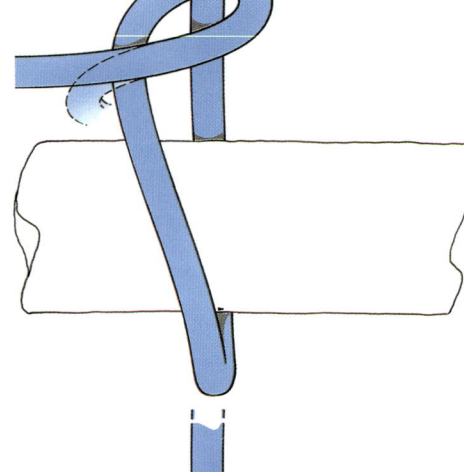

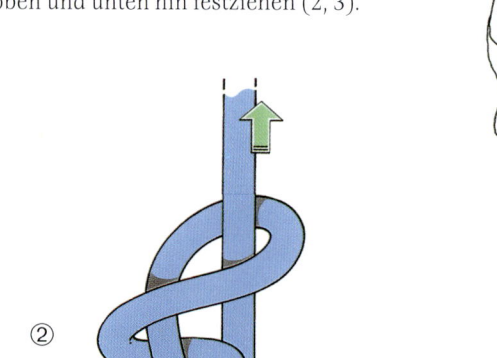

Bringt man, zusätzlich zum Zimmermannsstek, am Ende des Baumstamms einen Kopfschlag an, kann man den Stamm geradeaus ziehen, ohne daß er hin und her schwenkt.

Webeleinstek

Der größte Vorteil des Webeleinsteks ist, daß er bei einiger Übung einhändig etwa um einen Pfahl gebunden werden kann. Das macht ihn besonders nützlich für Segler, die beispielsweise ihr Dingi mit einer Hand an einem Poller belegen wollen, während sie sich mit der anderen an der Reling festhalten. Rundtörn um den Pfahl schlagen. Den Tampen über die feste Part führen und einen zweiten Rundtörn schlagen (1). Den Tampen unter sich selbst hindurchstecken (2). Den Stek an der festen Part festziehen (2, 3). Wenn der Zug nachläßt oder sich die Zugrichtung ändert, ist der Webeleinstek als Festmacheknoten nicht besonders sicher. Deshalb sollte er sobald wie möglich gegen einen stabileren Knoten ausgetauscht werden. Ein zusätzlicher Stopperknoten oder ein, zwei halbe Schläge um die stehende Part machen den Knoten sicherer.

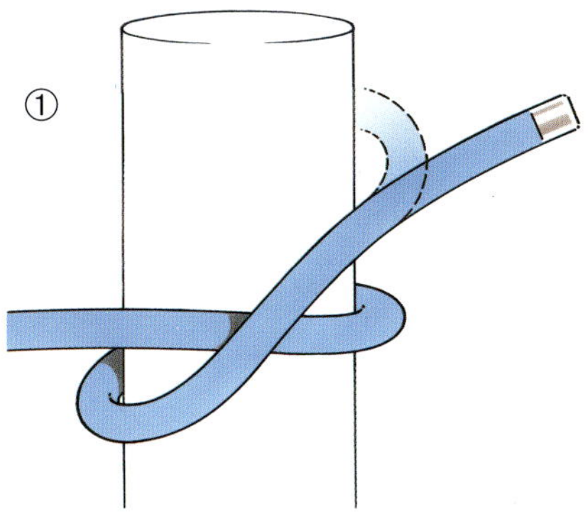

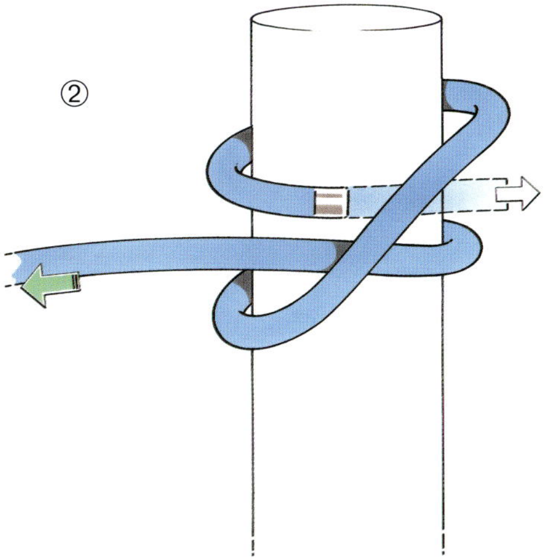

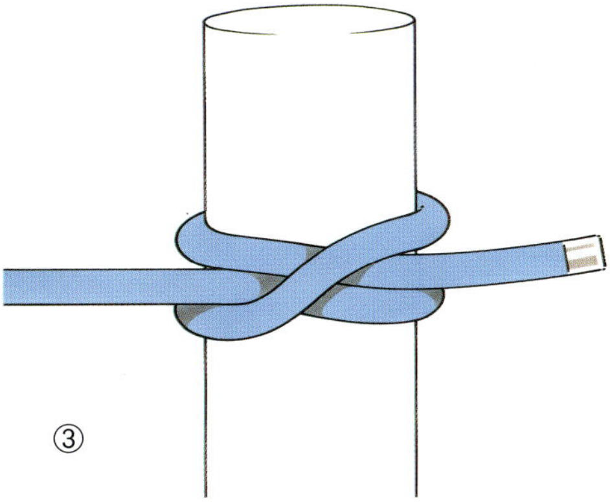

Diese Bucht ermöglicht es, den Webeleinstek rasch zu lösen, wenn die Leine unter Zug steht.

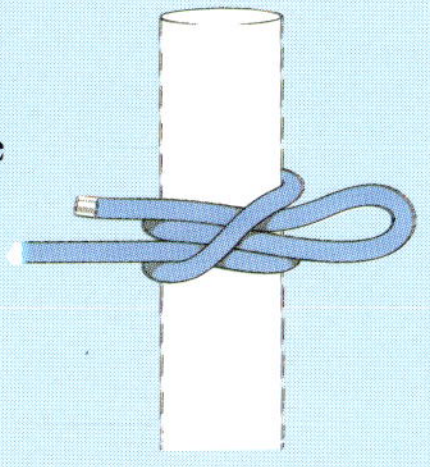

Webeleinstek, Übereinanderlegen zweier Augen

Beim Wassersport zum Festmachen einer Leine auf einem Poller, beim Zelten zum Befestigen der Spannleinen an einem Pfahl. Zwei Augen übereinanderlegen (1, 2) und über den Poller werfen. Stek an beiden Parten festziehen (3, 4).

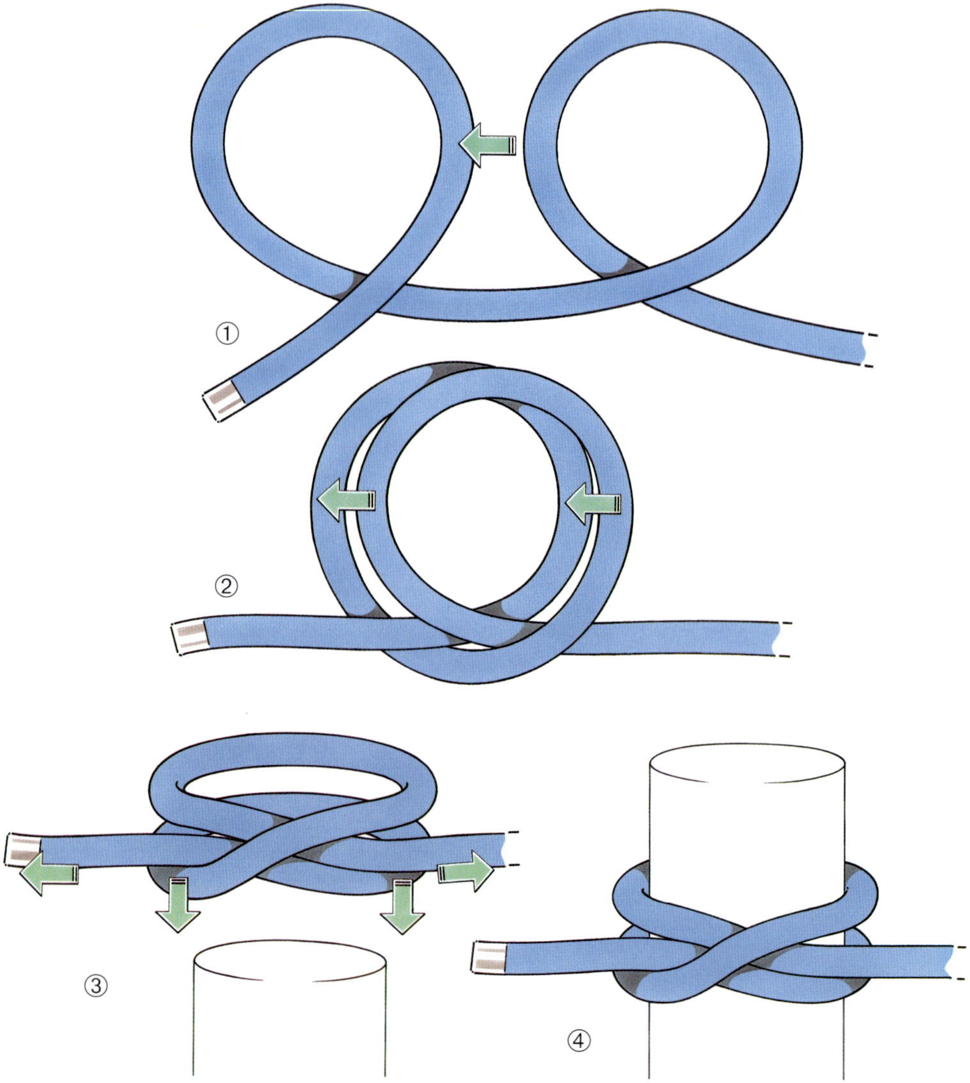

Webeleinstek an einem Ring

Diese besondere Version des Webeleinsteks wird fast ausschließlich in Kletterseilen gemacht: Die Leinenlänge zwischen Kletterer und Haken läßt sich so regulieren. Rundtörn von hinten durch Ring stecken, Tampen hinter die feste Part führen (1). Zweiten Rundtörn schlagen, Tampen in diesen Törn stecken (2), Stek an beiden Parten vorsichtig zusammenziehen (2, 3), an der festen Part dichtholen.

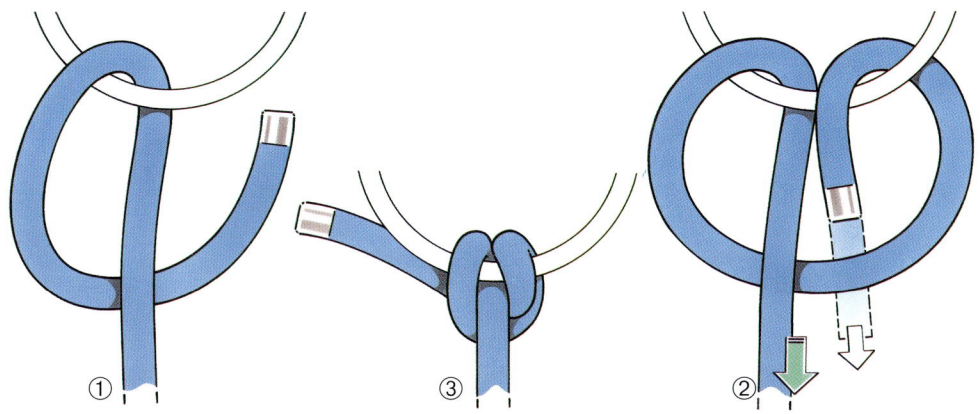

29

Roringstek

Der Roringstek ist leicht herzustellen, hält gut und bekneift sich nicht. Besonders geeignet ist er zum Festmachen an einem Ring oder zum Anschlagen der Ankerleine.

Man steckt den Tampen von vorne durch den Ring und macht zwei oder drei Rundtörns (1). Dann den Tampen vorne um die feste Part herumführen und von hinten in die Rundtörns stecken (2). An der festen Part festziehen (2, 3).

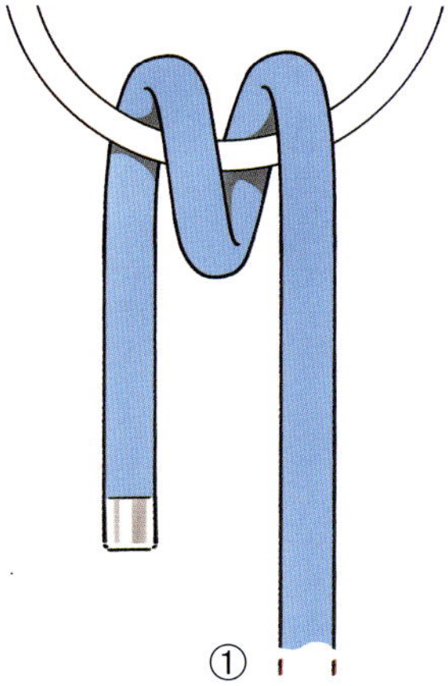

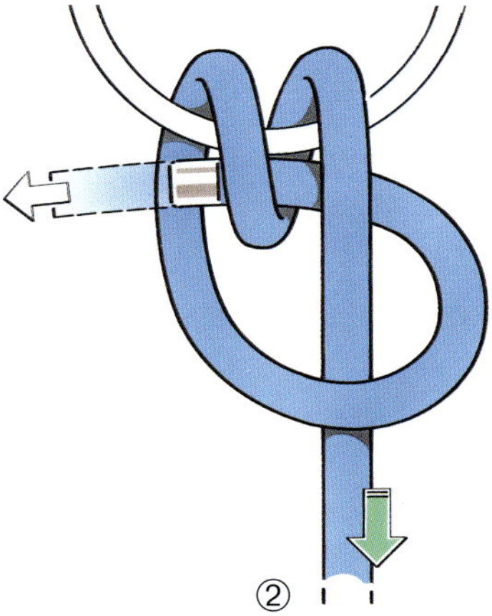

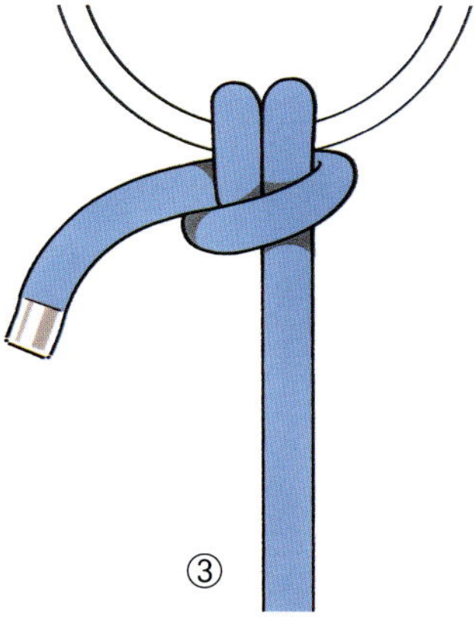

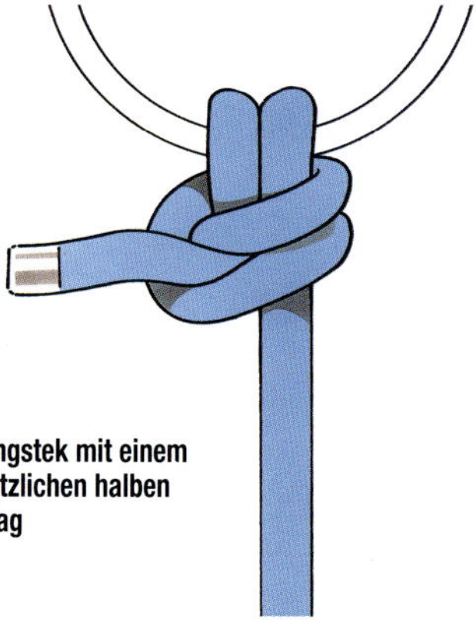

Roringstek mit einem zusätzlichen halben Schlag

Kurze Trompete

Diese auch Katzenpfote genannte Hakenverbindung eignet sich für mittelstarkes Tauwerk. Der Zug verteilt sich gleichmäßig auf beide Parten.

Lege in ein Ende zwei gleich große Buchten und verdrehe sie in entgegengesetzter Richtung in sich selbst (1, 2). Die beiden Augen über den Haken legen und an beiden Parten festziehen (3).

Eine sorgfältig gelegte Kurze Trompete erhöht die Sicherheit, denn sollte eine Part brechen, wird die andere Part so lange halten, bis die Last sicher abgeladen ist.

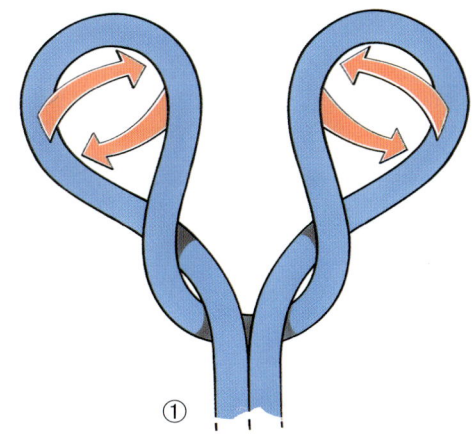

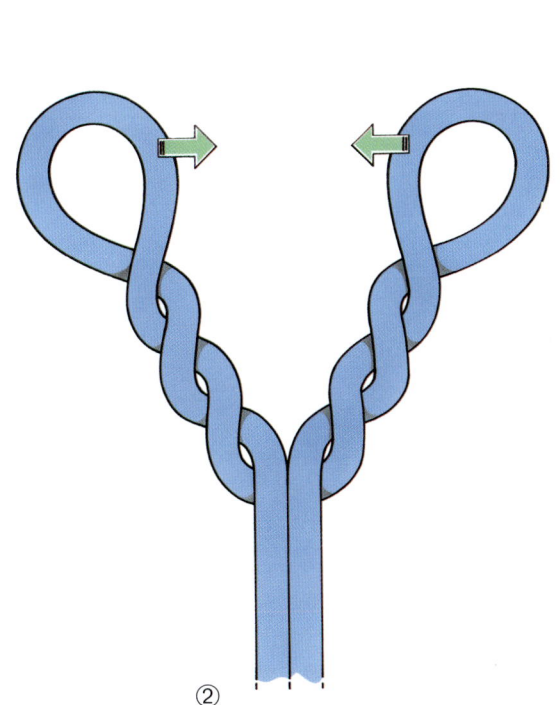

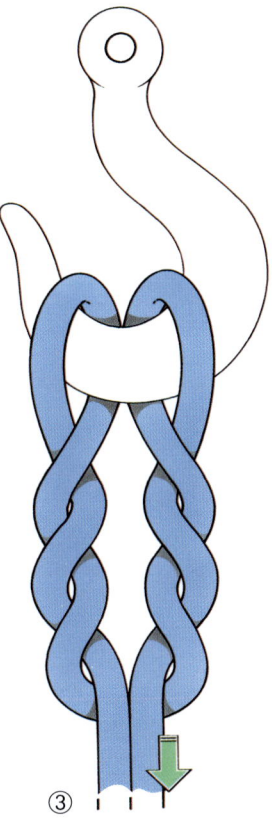

Hakenschlag

Der Hakenschlag ist schnell gelegt und schnell wieder gelöst. Er trägt nur, solange Kraft auf dem Ende steht. Man legt oberhalb der Kröpfung des Hakens eine Bucht um den Haken (1) und kreuzt die Parten des Endes im Inneren des Hakens so, daß der Tampen unter die feste Part zu liegen kommt (2). An der festen Part dichtholen (2, 3).

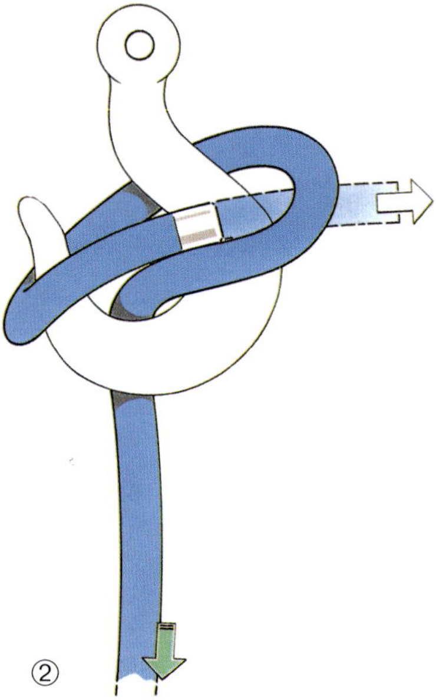

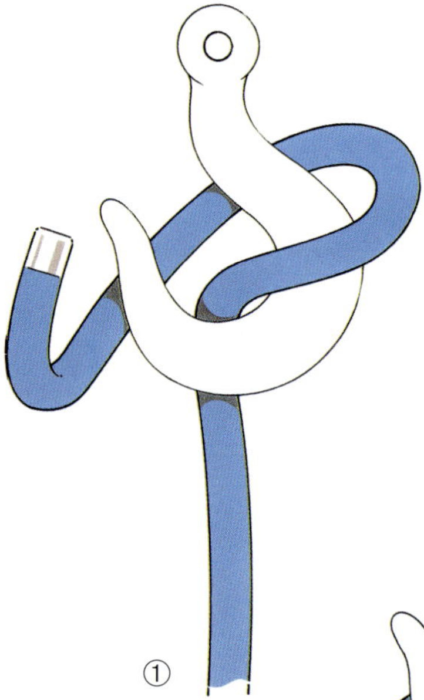

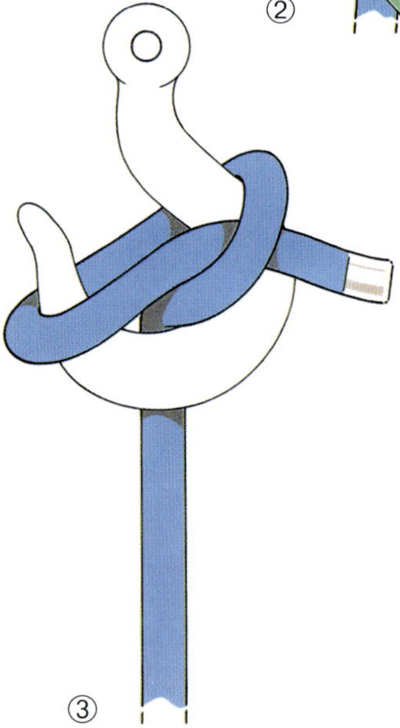

Stopperstek

Der Stopperstek ist ein Webeleinstek, bei dem das untere Auge zweimal übereinandergefahren wird. Er dient dazu, den Tampen einer Leine an ein laufendes Ende anzuschlagen, wobei die anzuschlagende Leine dünner sein sollte. Zum Beispiel: Anstecken der Vorleine auf eine Schlepptrosse. Der Stopperstek hält nur in einer Zugrichtung, während er in der entgegengesetzten Richtung slippt.

Mit dem Tampen ein Auge um das laufende Ende bilden, danach einen Rundtörn zwischen das Auge und den Tampen legen (1). Ein oder zwei weitere Rundtörns – je nach Unterschied der beiden Leinen –, immer zwischen den vorhergehenden und dem Tampen (2), und schließlich ein halber Schlag um das laufende Ende, der vor dem eigenen Tampen liegt.

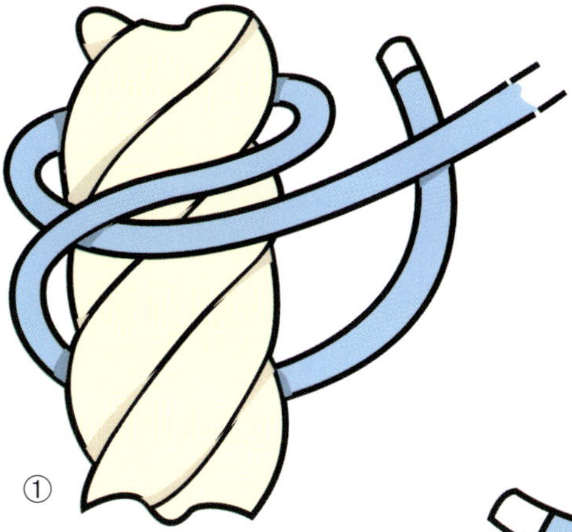

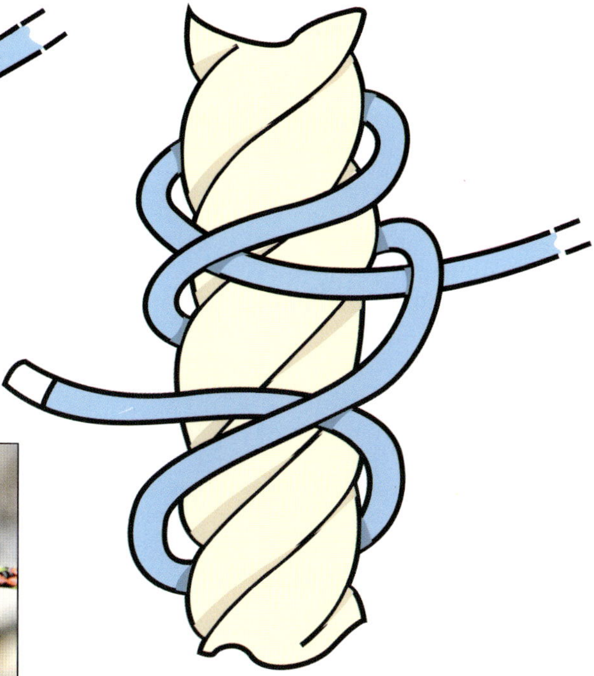

Rundtörn mit zwei halben Schlägen

Der Rundtörn mit zwei halben Schlägen dient zum Belegen von Festmachern an dünnen Balken, an denen sich ein Webeleinstek zu sehr bekneifen würde. Schlage einen und einen halben Rundtörn um den Balken (1) und stecke mit der losen Part einen halben Schlag um die feste Part (2) und gleich darauf in derselben Drehrichtung einen zweiten (3).

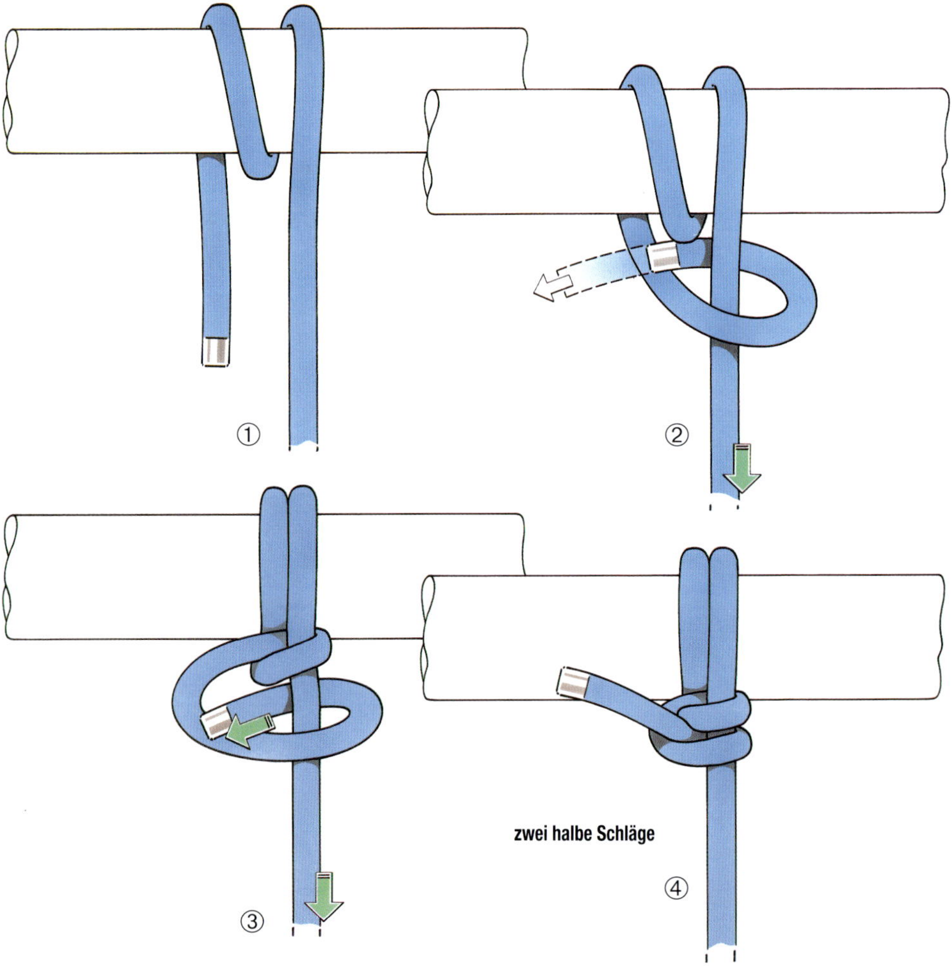

zwei halbe Schläge

Prusikknoten

Dieser Knoten klemmt unter Belastung. Er wird beim Klettern benutzt, um Prusikschlingen zur Selbsthilfe am fixierten Seil anzubringen. Die Schlinge wie in (1) um das Seil wickeln und diesen Vorgang wiederholen (2). Danach den Knoten festziehen (2, 3). Das Seil muß deutlich dicker sein als das Material, mit dem die Schlingen gemacht werden.

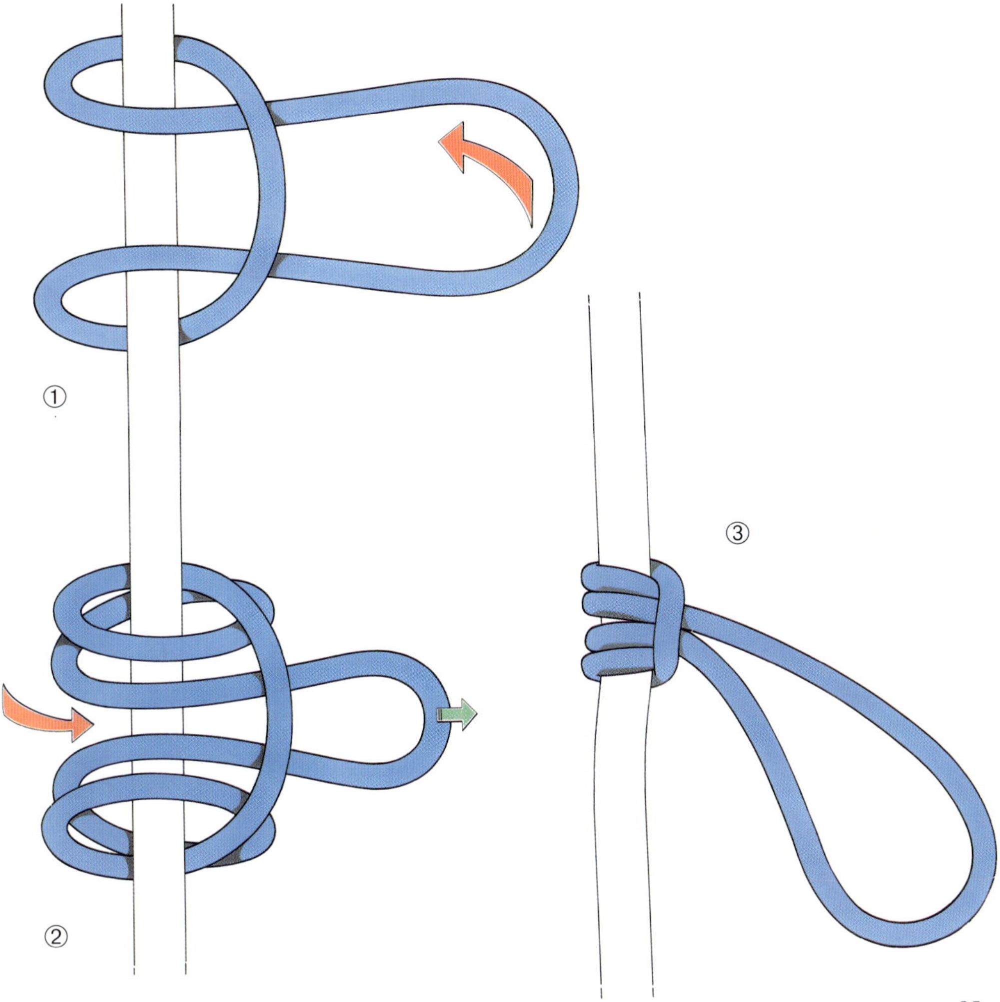

①

②

③

Mastwurf

An vielbekletterten Felsen sind oft eingerichtete Standplätze vorhanden. Der Mastwurf ist einer der geeigneten Knoten, um an ihnen die Selbstsicherung anzubringen.

Das Seil oder die Bandschlinge so drehen, daß zwei Schlaufen entstehen (1). Die eine Schlaufe so über die andere legen, daß die Enden abgeklemmt werden (2). Beide Schlaufen in den Karabiner einhängen (2, 3). Die Leine kann gefiert oder geholt werden, je nach Bedarf.

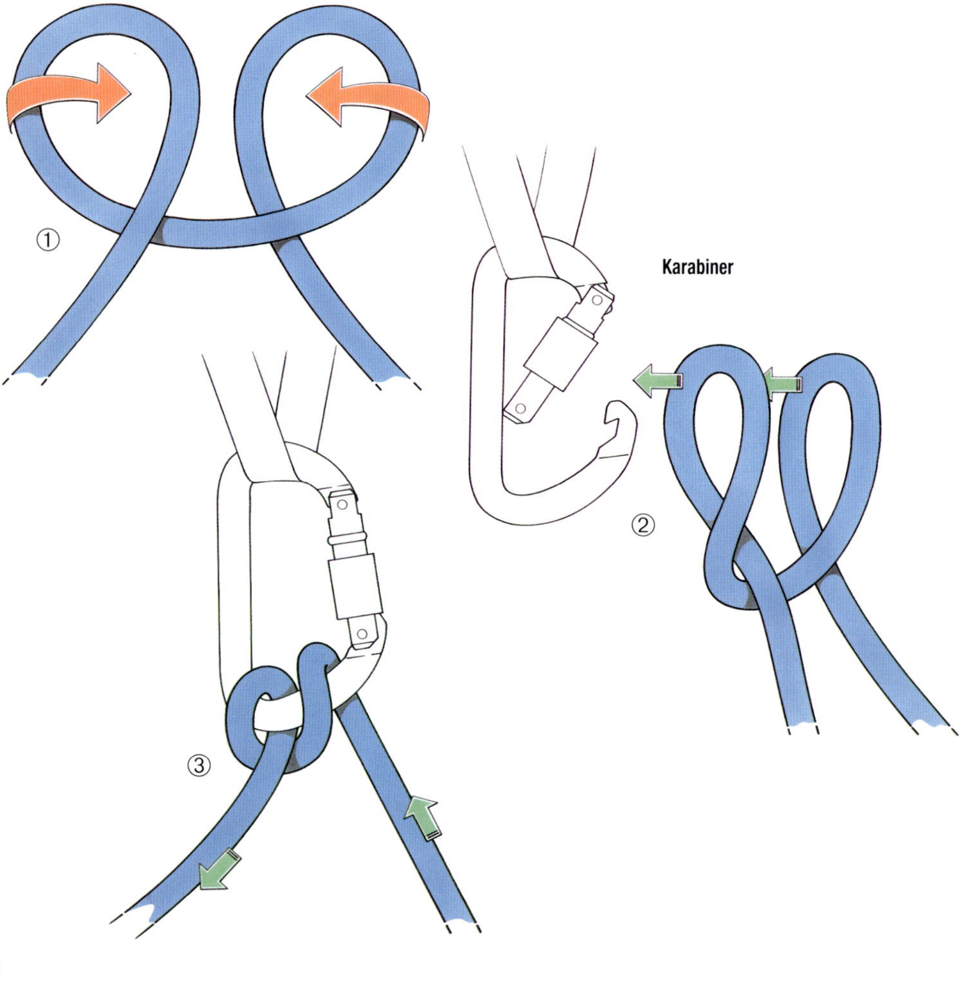

Karabiner

Doppelter Achtknoten

Palstek

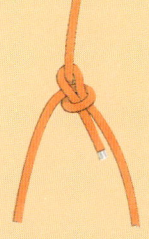
Palstek: Bergsteiger-Methode

Feste Augen

Anders als Steke, die direkt an ein Objekt gesteckt werden, werden Augen in der Hand gemacht und dann über das Objekt gelegt. Die Knoten sind mit der festen Part unveränderbar verbunden, und sie bilden ein Auge oder eine Schlaufe, die sich nicht zuzieht.

Doppelter Palstek

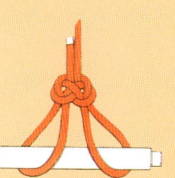
Spanischer Palstek

Anglerschlaufe

Doppelter Achtknoten

Obgleich es nicht leicht ist, diesen Knoten zu regulieren, und obgleich er sich, wenn er unter Zug gestanden hat, nicht leicht lösen läßt, überwiegen die Vorteile. Er läßt sich verhältnismäßig einfach herstellen und ist selbst in steifen Seilen stabil. Beim Klettern ist es der gebräuchlichste Anseilknoten. Er wird auch Flämische Schlaufe genannt.

Die doppelt genommene Seilschlaufe wie in (1) legen und durch die entstandene Schlinge führen (2). An jedem der Stränge ziehen, bis der Knoten fest sitzt (3).

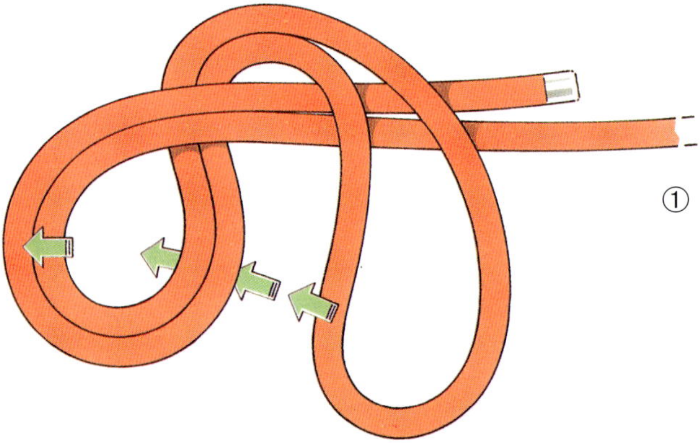

Gesteckter Achtknoten

Wenn der Kletterer etwas mittels einer Schlaufe befestigen will – z. B. wenn er sich in seinen Sitzgurt einbindet –, muß er den Achtknoten stecken. In das einfach genommene Seil einen Achtknoten machen und mit dem Seilende den Weg des herauslaufenden Stranges zurückverfolgen (1, 2). Man vergewissere sich, daß man den ersten Achtknoten korrekt zurückverfolgt. Prüfen, ob keine Verdrehungen im Knoten sind, anschließend festziehen.

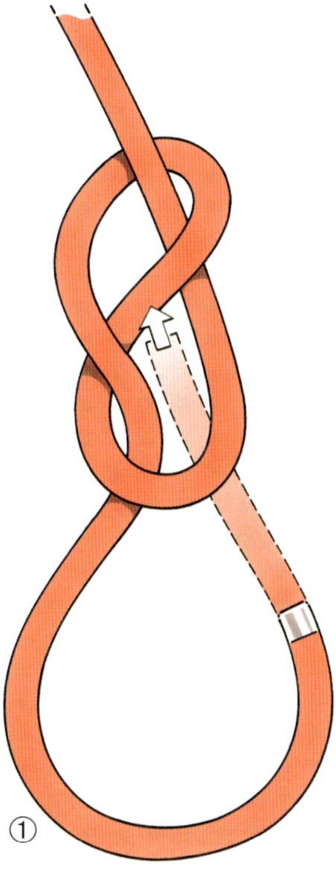

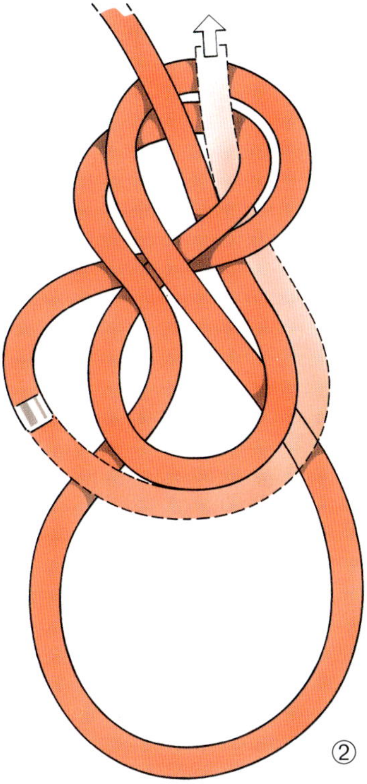

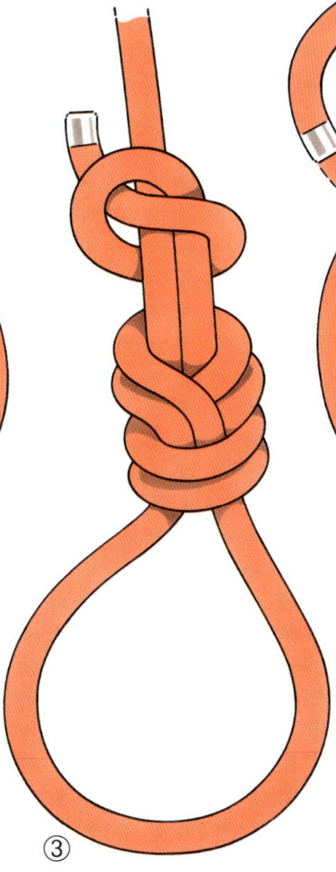

① ② ③

Wenn der gesteckte Achtknoten an eine Leine gesteckt wird, muß zusätzlich ein Stopperknoten angebracht werden.

Palstek

Der Palstek ist ein einfacher, stabiler und haltbarer Knoten. Er zählt zu den bekanntesten und am häufigsten verwendeten Knoten, insbesondere unter Seeleuten, da er weder slippt noch Lose bekommt oder sich bekneift. Er ist auch nicht schwer zu lösen, selbst wenn er unter starkem Zug gestanden hat.

Der Palstek wird allgemein zum Festmachen des Bootes über einen Poller oder Pfahl benutzt. Ferner zum Verbinden von Leinen und zum Bergen.

Ein Auge in die feste Part legen und den Tampen von unten hineinstecken (1). Man führt ihn hinten um die feste Part herum und zurück durch das Auge (2). Dann den Stek dichtholen (3).

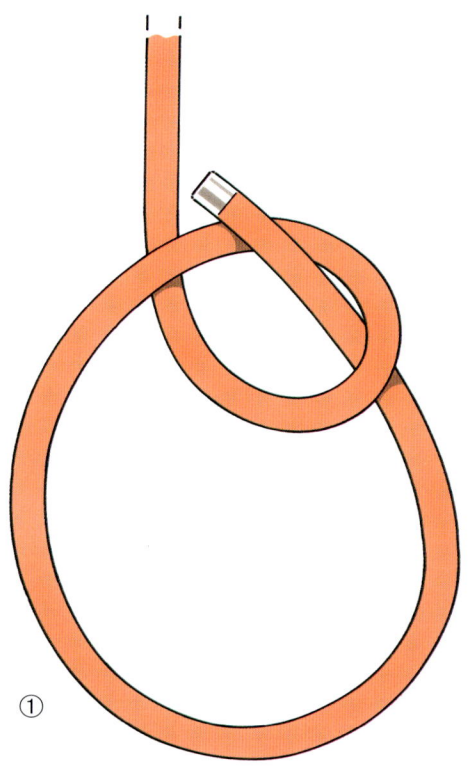

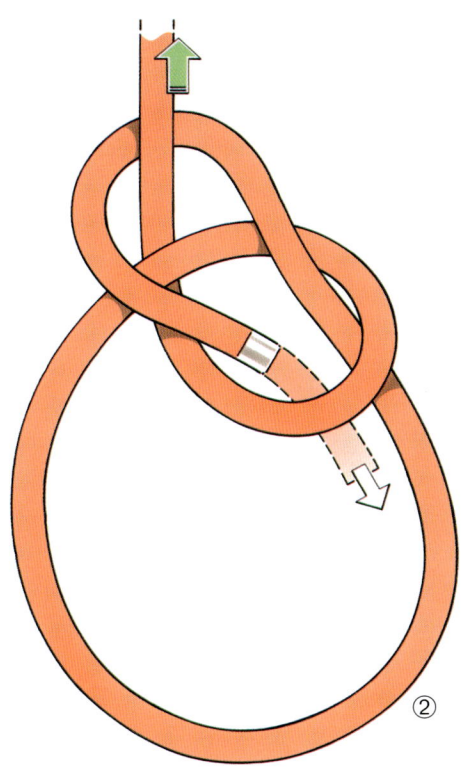

②

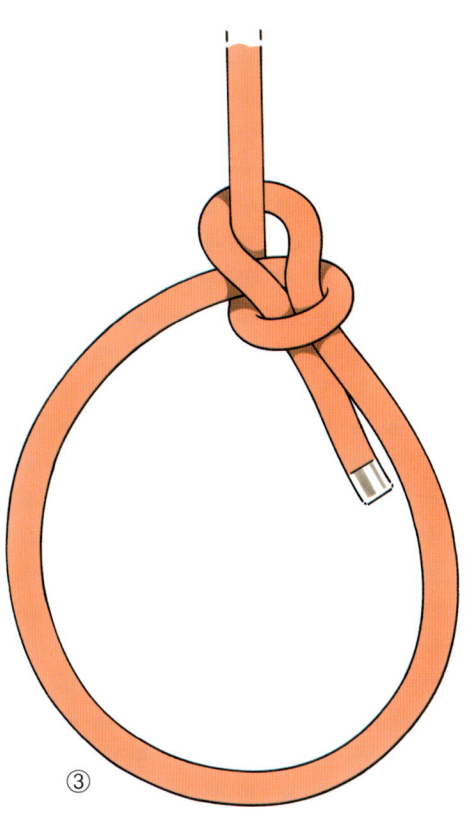

③

Ist der Palstek nicht fest genug geknotet, kann er slippen. Dagegen hilft ein Stopperknoten.

Palstek, gezogen und gesteckt

Wenn eine Leine mit einem Palstek an einem Ring festgemacht werden soll, führt man die Leine von hinten durch den Ring, bildet einen halben Schlag und zieht ruckartig am Tampen der Leine, wodurch sich in der stehenden Part ein Auge bildet (1, 2), durch das der Tampen läuft. Diesen von hinten um die stehende Part herumführen und wieder in das Auge hinein (3, 4).

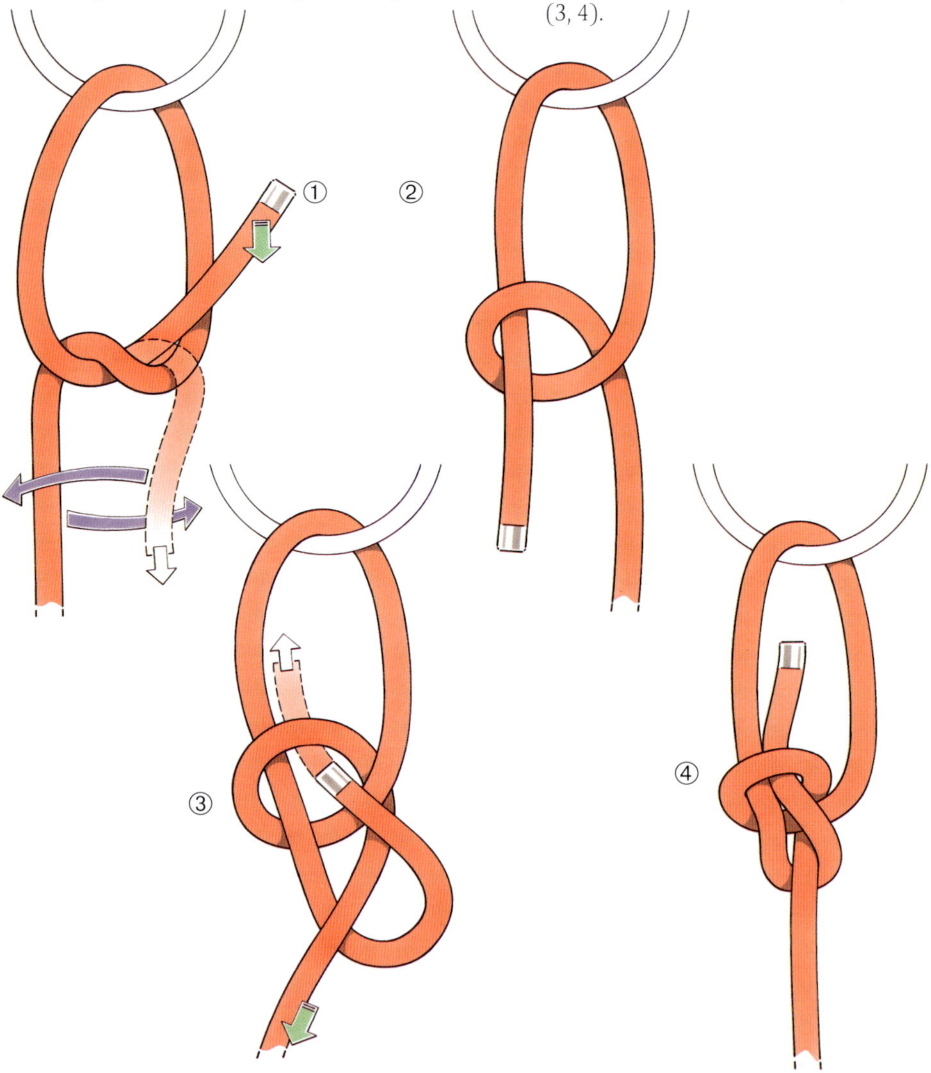

Palstek, Bergsteiger-Methode

Der Bergsteiger knotet den Palstek direkt um seine Taille, so daß er ihn maßgerecht anlegen kann, bevor er mit dem Aufstieg beginnt.

Mit der linken Hand in der stehenden Part rechtsherum ein Auge bilden (1). Durch das Auge hindurch mit der festen Part eine Bucht bilden (2), durch die der Tampen gesteckt wird (3). Den Tampen zu sich umklappen (blauer Pfeil). Durch Ziehen an der stehenden Part (grüner Pfeil) zieht sich der Stek zurecht.

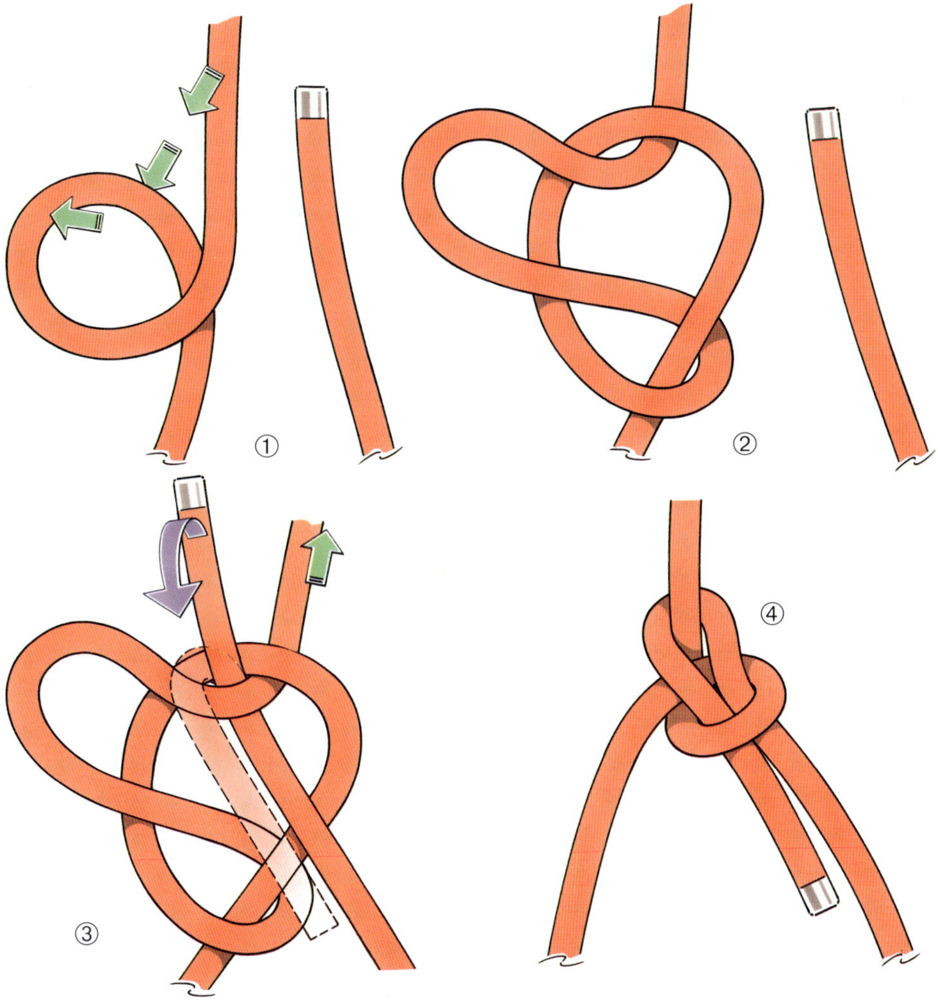

Doppelter Palstek

Der doppelte Palstek ist ein alter, aber heute noch gebräuchlicher Knoten, insbesondere bei Seenotfällen. Ist die zu rettende Person bei Bewußtsein, steckt sie ein Bein in das eine, das andere in das zweite Auge; an der stehenden Part hält sie fest.

Man legt in die Leine eine Bucht, etwas größer, als das Auge werden soll. Kreuze diese Bucht mit der stehenden Part. Dann ein Auge bilden und die Bucht hindurchstecken (1, 2). Dann die Bucht zu sich nach unten um die Augen und hinten wieder nach oben zur stehenden Part klappen (3). Den Stek an der festen Part und den beiden Augen dichtholen (4, 5).

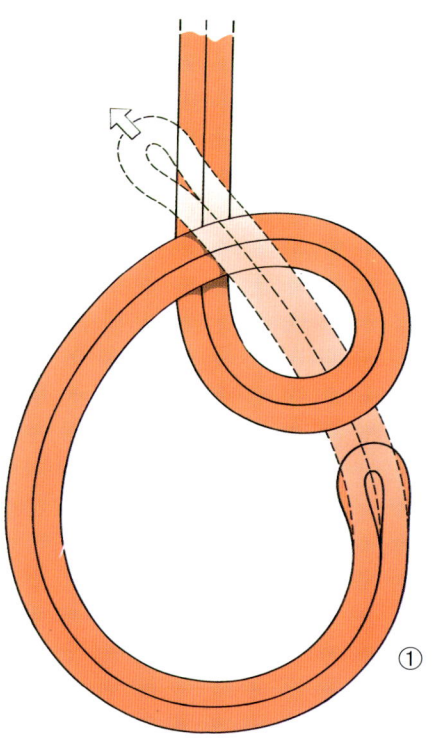

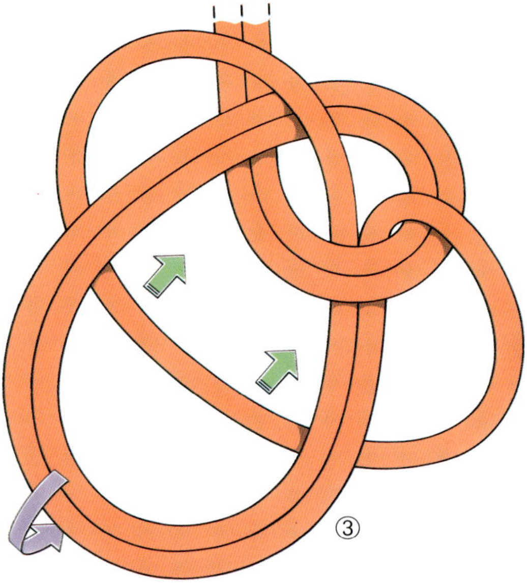

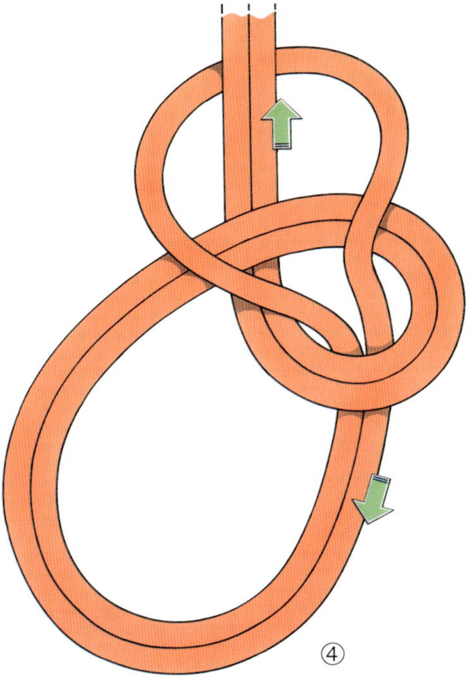

④

⑤

45

Spanischer Palstek

Extrem haltbar, von Feuerwehr, Seenotrettung und Bergwacht benutzt. Der Spanische Palstek besteht aus zwei voneinander unabhängigen Augen (5), die auch bei großer Belastung sehr sicher sind.

In den Tampen der Leine zwei große Augen legen, das linke Auge nach rechts, das rechte nach links verdrehen (1). Stecke das linke Auge von unten in das rechte, wodurch sich unter diesen Augen ein drittes bildet, aus dem die beiden Tampen herausführen (2, 3). Man verdreht dieses dritte Auge rechts herum und führt es in das obere rechte Auge. Diesen Vorgang auf der linken Seite wiederholen. An den beiden neuen Augen und an den beiden unten parallel herauskommenden Parten holt man den Stek dicht (4).

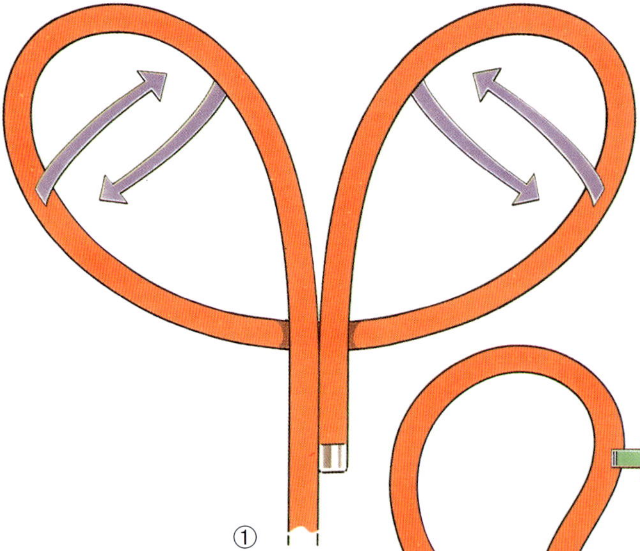

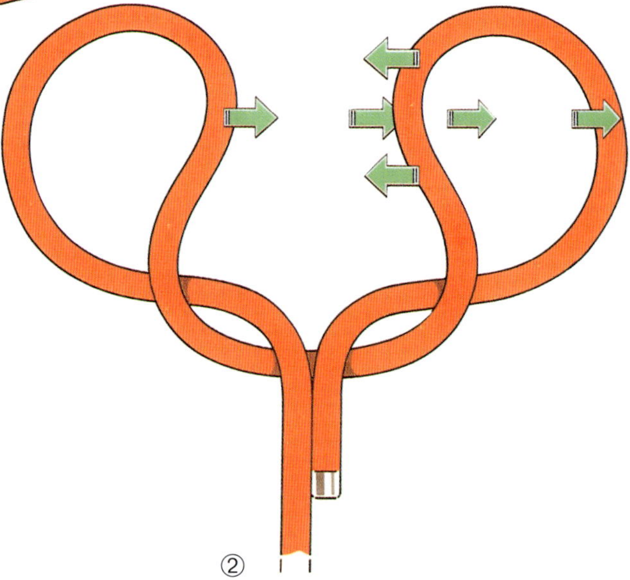

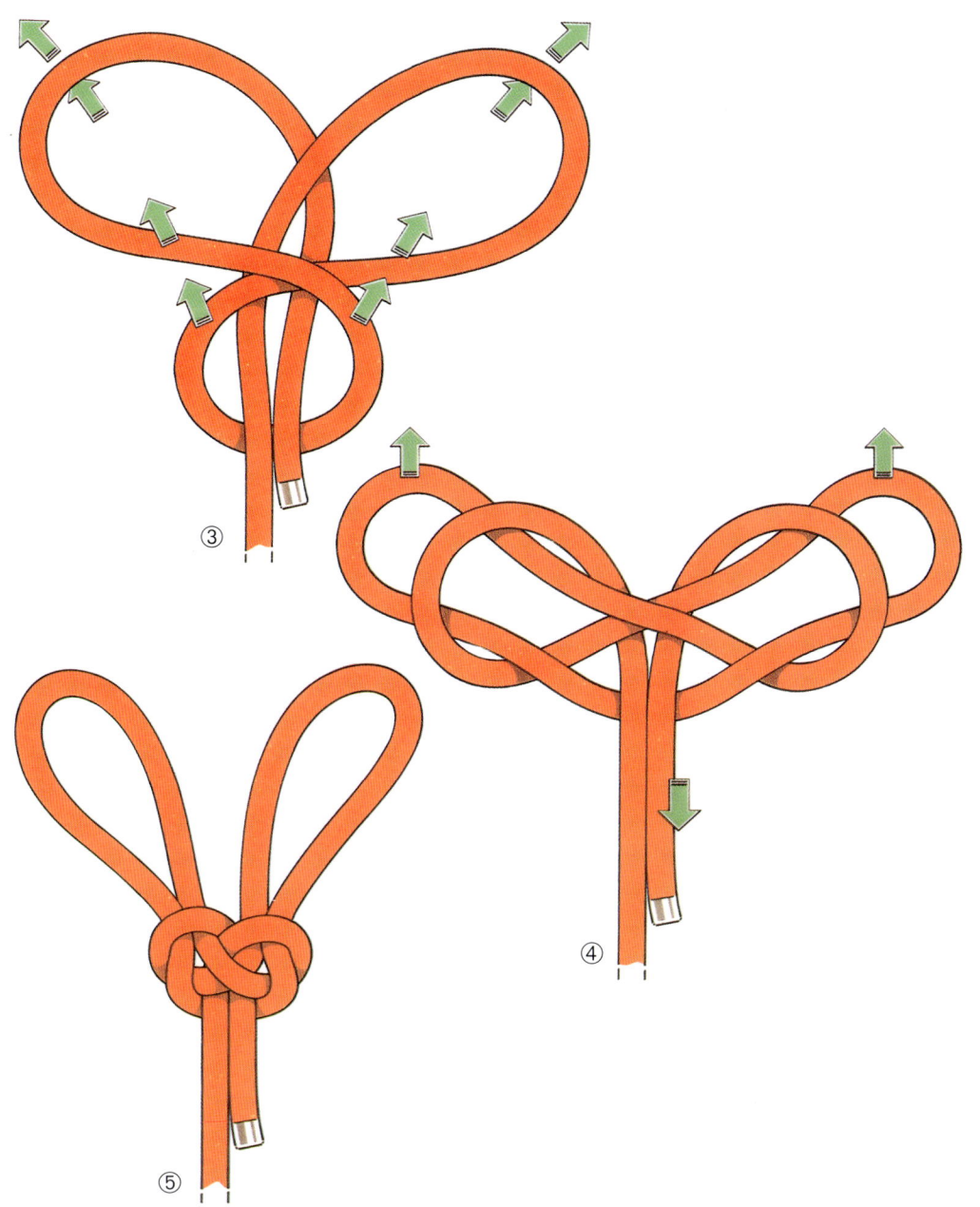

Anglerschlaufe

Die Anglerschlaufe eignet sich für Angelleinen und -schnüre und andere Kunstfaserleinen. Da der Knoten sich stark bekneift und deshalb schwer zu lösen ist, wird er an Bord von Schiffen nicht verwendet. Außerdem ist er ziemlich sperrig.

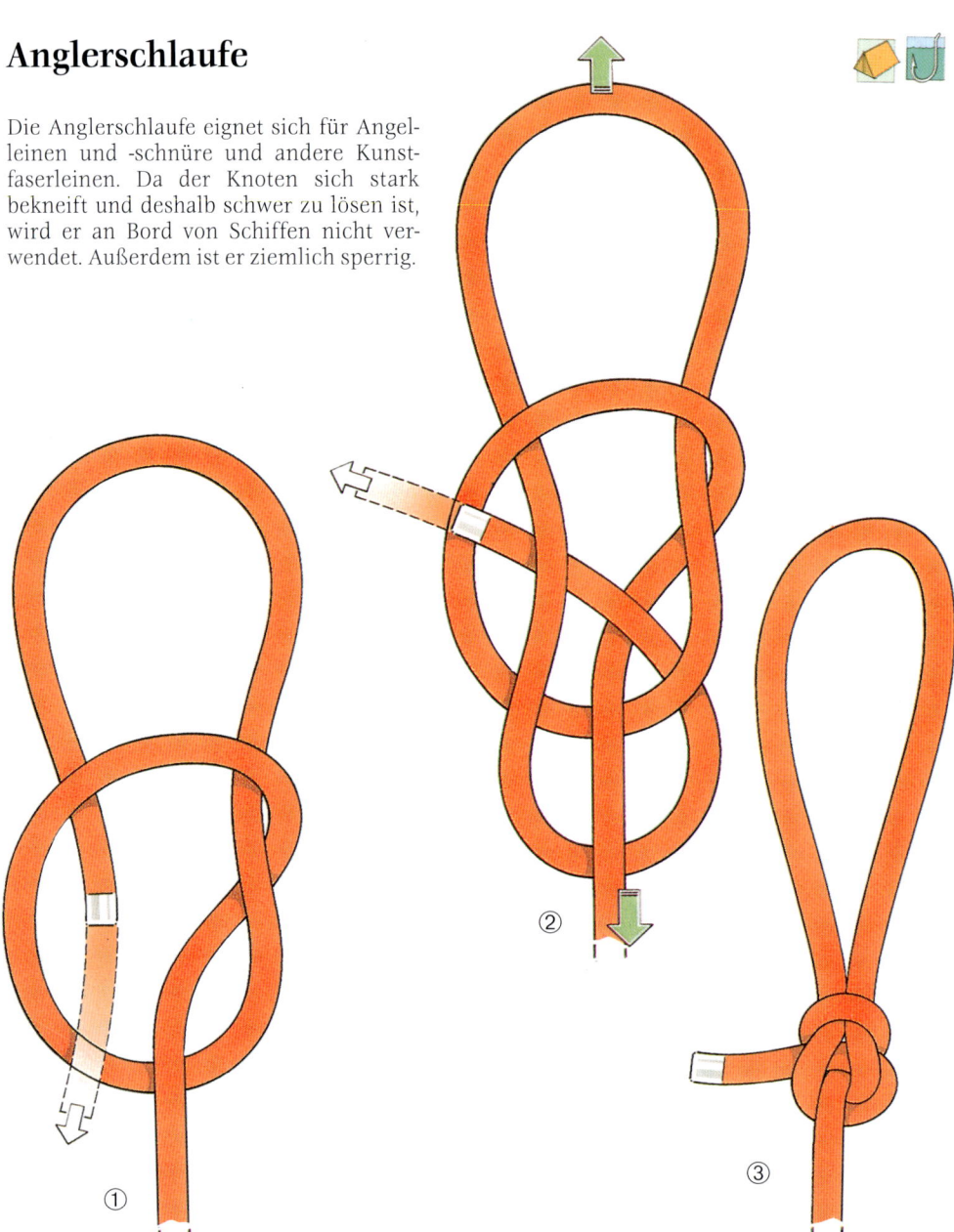

Verbinden von Enden

Knoten dienen auch dazu, zwei Leinen miteinander zu verbinden zu einer längeren Leine. Damit die Verbindung sicher ist, sollten beide Leinen aus ein und demselben Material sein und dieselbe Stärke und dieselben Eigenschaften haben. Ausnahme: der Schotstek (S. 56), der auch dann sicher ist, wenn man zwei Leinen unterschiedlicher Stärke benutzt.

Kreuzknoten

Gekippter Kreuzknoten

Diebesknoten

Chirurgenknoten

Englischer Knoten

Weintraubenknoten

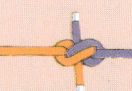
Hunter's Bend

Schotstek

Flämischer Knoten

Trossenstek

Kreuz- oder Reffknoten

Dieser Knoten ist bereits seit der Steinzeit bekannt, und die alten Griechen kannten ihn als Herkulesknoten.

Der Kreuzknoten wird zum Verbinden von zwei gleich starken Enden benutzt, wobei die Leinen keinem großen Zug ausgesetzt sein dürfen. Außerdem sollte der Knoten nur vorübergehend benutzt werden.

Man macht zunächst einen Überhandknoten, wobei der linke Tampen vorne liegt (1, 2). Daran schließt sich ein zweiter Überhandknoten an, bei dem der linke Tampen zunächst wieder vorne liegt, und führt dabei den rechten in die vom linken Tampen gebildete Bucht (3). An allen vier Parten dichtholen.

Führen die Parten der Überhandknoten nicht symmetrisch aus der Bucht des anderen Tampens heraus, so handelt es sich um einen Altweiberknoten, der slippt und sich löst und damit unbrauchbar ist.

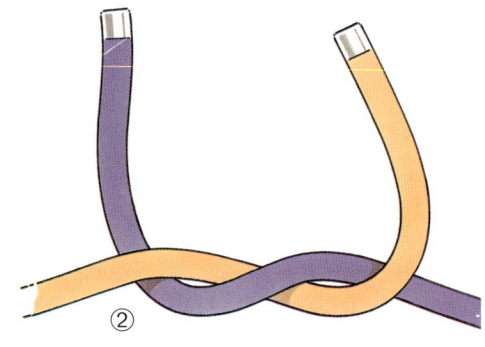

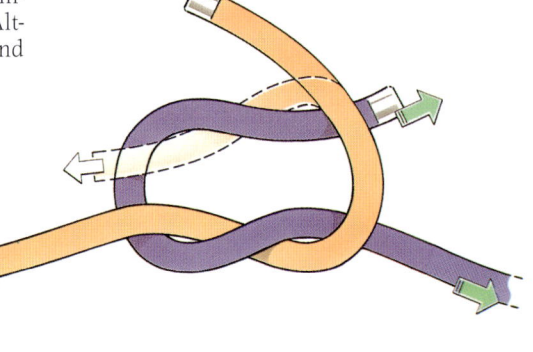

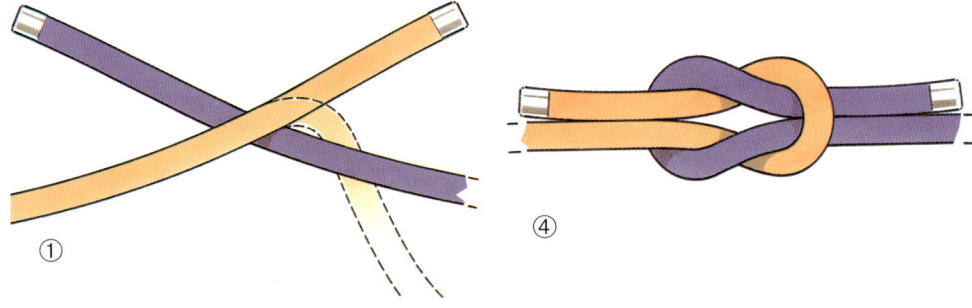

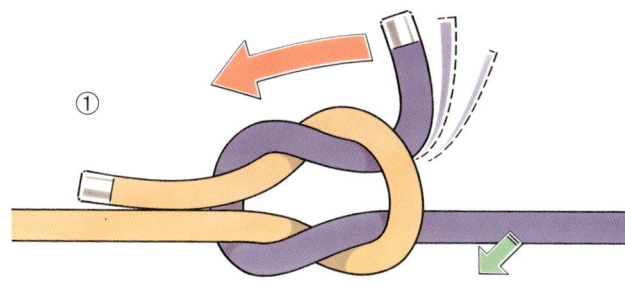

Der Kreuz- oder Reffknoten ist ein einfacher, symmetrischer Vielzweckknoten, bestehend aus zwei ineinandergreifenden Buchten.

Gekippter Kreuz- oder Reffknoten

Da sich der Kreuzknoten leicht lösen läßt, ist er gut geeignet beim Reffen von Segeln. Wenn aber auf einem Ende des Reffknotens größerer Zug steht als auf dem anderen, kippt der Knoten, löst sich oder wird unstabil. Auf diese Weise sind mehrfach Unfälle entstanden.

Der Reffknoten kann bewußt gekippt werden, indem man einen der Tampen zur entgegengesetzten Seite nimmt und daran zieht (1). Der Knoten hat keinen Halt mehr – das Ende braucht nur noch herausgezogen zu werden (2).

Diebesknoten

Der Legende nach haben die Seeleute der Walfänger ihren Seesack mit diesem Knoten zugebunden. Diebe benutzten Kreuzknoten; so war leicht erkennbar, daß sich jemand an dem Seesack zu schaffen gemacht hatte.
In einen der Tampen eine Bucht legen, den anderen von unten dort hineinführen. Törn um die Bucht machen und Tampen wieder in die Bucht hineinstecken (1). Fertig (2).

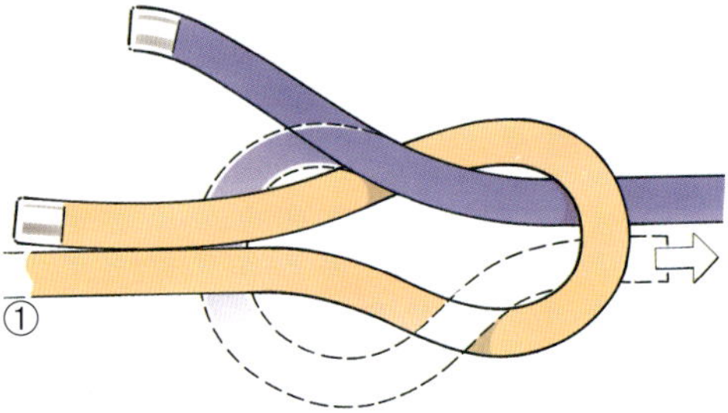

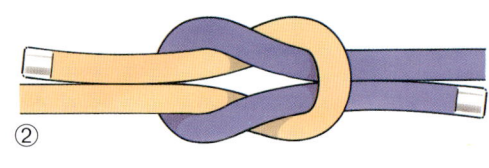

Chirurgenknoten

Der Chirurgenknoten ist eine Abart des Trossensteks, den Chirurgen für die Naht einer Wunde ebenso benutzen wie den Kreuzknoten.
Die Tampen der Leinen kreuzen und den einen zweimal um den anderen drehen (1). Die Tampen erneut kreuzen (2) und in der gleichen Weise noch einmal umeinanderdrehen (2, 3). Knoten an allen Parten dichtholen (3, 4).

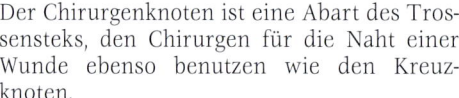

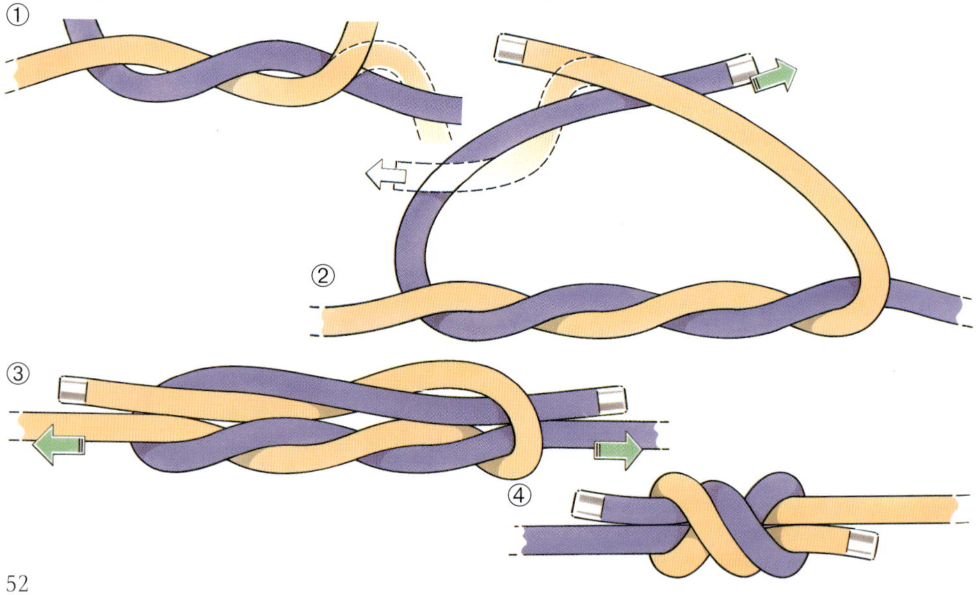

Englischer Knoten

Dieser Knoten wurde im 19. Jh. ersonnen und ist auch als Angler-, Engländer-, Fischer- oder Liebesknoten bekannt. Er besteht aus zwei halben Schlägen, die aneinander zu liegen kommen (3), und wird in Schnüren oder dünnen Leinen gemacht. Deshalb wird er hauptsächlich von Anglern benutzt.

Beide Tampen parallel zueinander legen und mit dem einen einen halben Schlag um den anderen machen. Das wiederholt man mit dem anderen Tampen (1). An den festen Parten ziehen, bis sich die Knoten berühren (2) und (3).

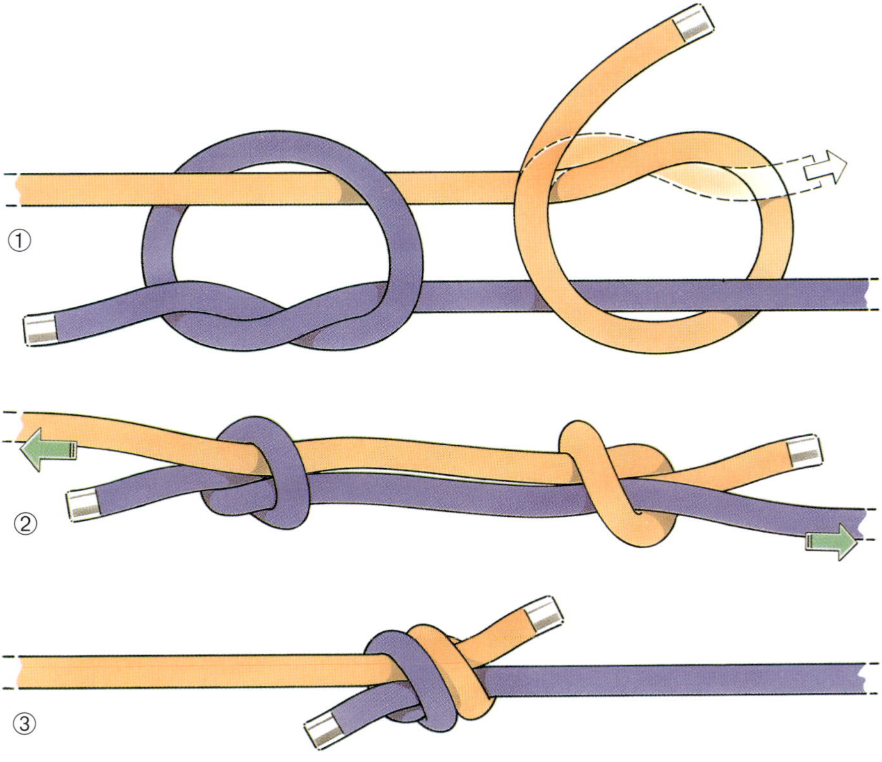

Weintraubenknoten

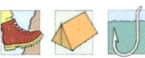

Weil nur für dünne Leinen und Schnüre geeignet, wird dieser Knoten, der ein doppelter Englischer Knoten ist, hauptsächlich von Anglern und Bergsteigern benutzt, die ihn wegen seiner großen Sicherheit schätzen.
Man bildet mit dem Tampen der einen Leine eine Acht um jenen der anderen Leine (1). Den Tampen in seine eigene linke Bucht stecken und am Tampen der festen Part dichtholen (1). Vorgang mit dem Tampen der zweiten Leine wiederholen (2, 3). Knoten an den festen Parten zusammenziehen (4).

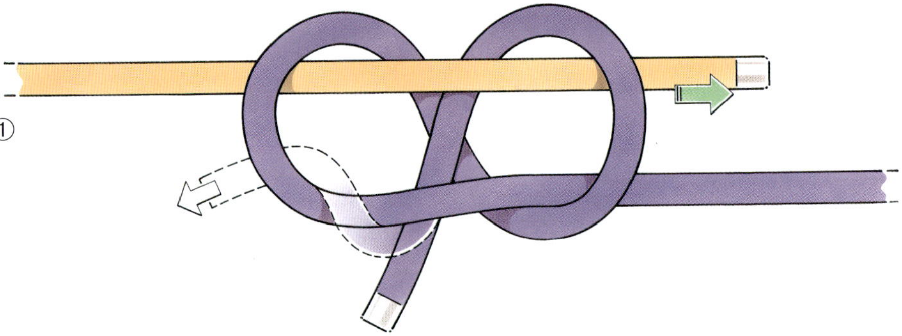

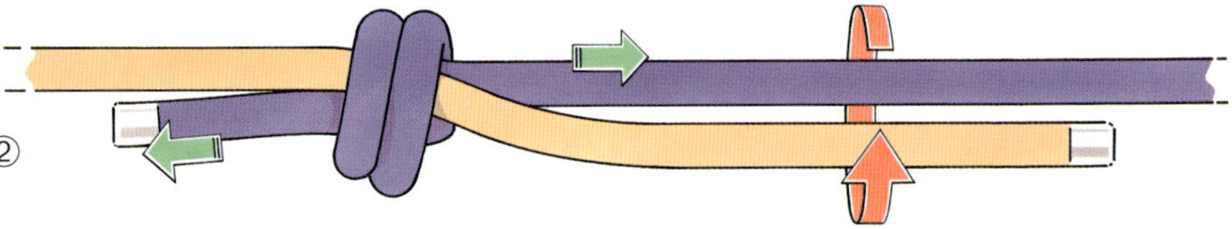

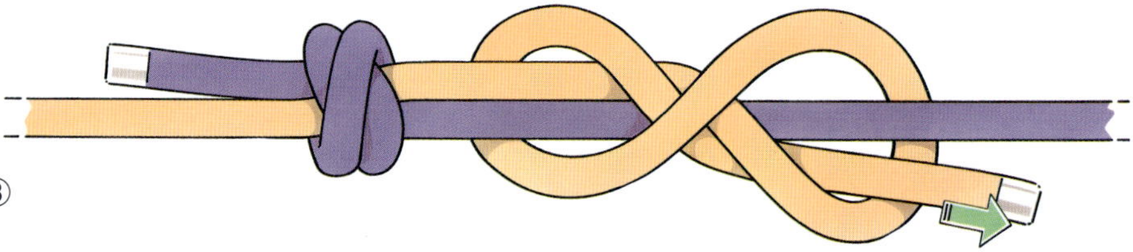

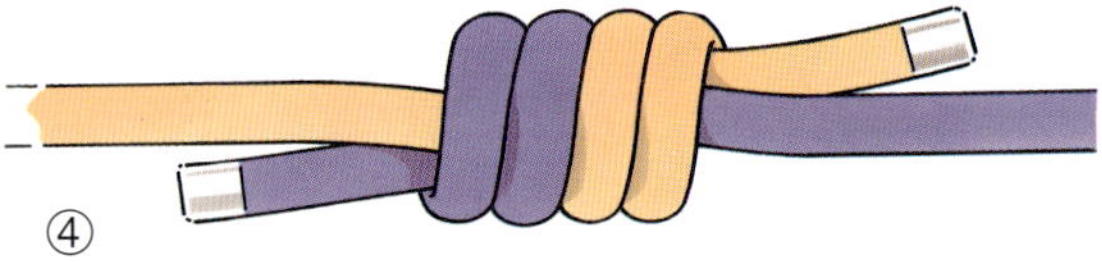

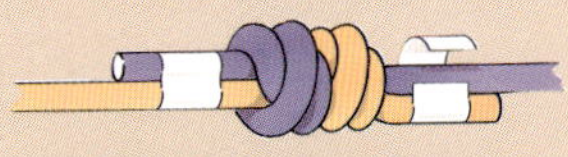

Bergsteiger umwickeln die Enden zur Sicherheit mit Tape.

Hunter's Bend

Der 1968 nach seinem Erfinder, dem britischen Physiker Dr. Edward Hunter, benannte Knoten war, wie sich später herausstellte, bereits 1950 von dem Amerikaner Phil D. Smith in einer Veröffentlichung mit dem Titel »Knoten für Bergsteiger« als Taklerknoten beschrieben worden. Der Hunter's Bend ist sehr fest, läßt sich aber leicht lösen.

In eine Leine einen halben Schlag machen, ohne ihn dichtzuholen. Den Tampen der zweiten Leine von hinten durch das zweite Auge und weiter nach oben hinter seine eigene feste Part führen (1). Den Tampen, erneut von hinten, in das erste Auge des halben Schlags stecken, dann unter sich selbst durch (2). An den festen Parten zusammenziehen (3).

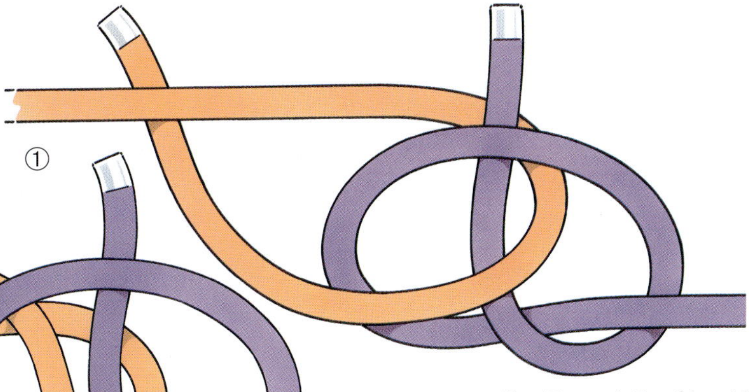

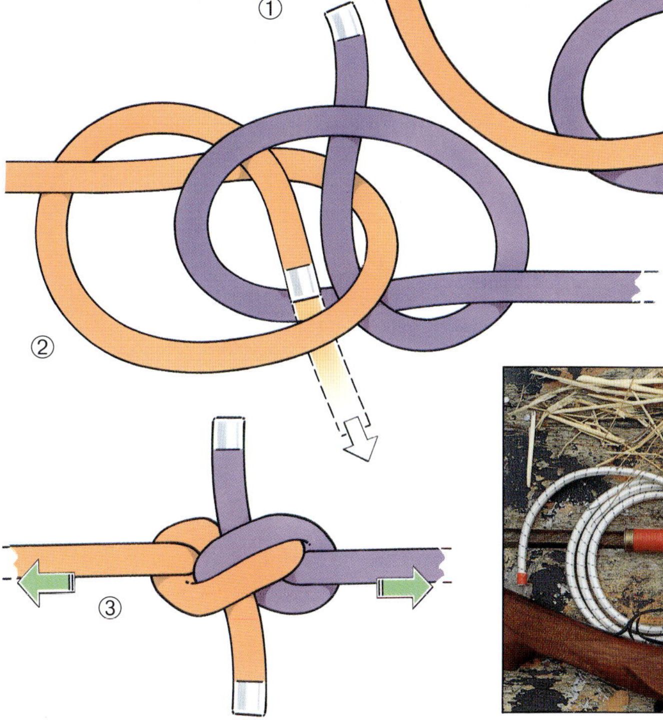

Der Hunter's Bend ist vielfältig einzusetzen. Er ist stabil, bekneift sich gut und läßt sich leicht lösen.

Schotstek

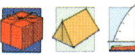

Der Schotstek ist deshalb ungewöhnlich, weil man mit diesem Knoten zwei verschieden starke Enden miteinander verbinden kann. Da man mit ihm auch die Ecken der Flagge mit der Flaggleine verbindet, wird er auch Flaggenstek genannt.

Und so wird er gemacht: In dem Tampen des stärkeren Endes wird eine Bucht gebildet, die man mit der linken Hand hält. Mit der rechten Hand wird dann der Tampen des schwächeren Endes von unten in die Bucht geführt (1), im Gegensatz zu den Abbildungen über die *feste* Part der Bucht (sonst entsteht ein Rauschknoten, der langsam durchslippt) und rund um die Bucht herum (2). Dann steckt man den Tampen unter der eigenen festen Part hindurch (3). Den Stek durch Ziehen an den festen Parten beider Enden dichtholen (4).

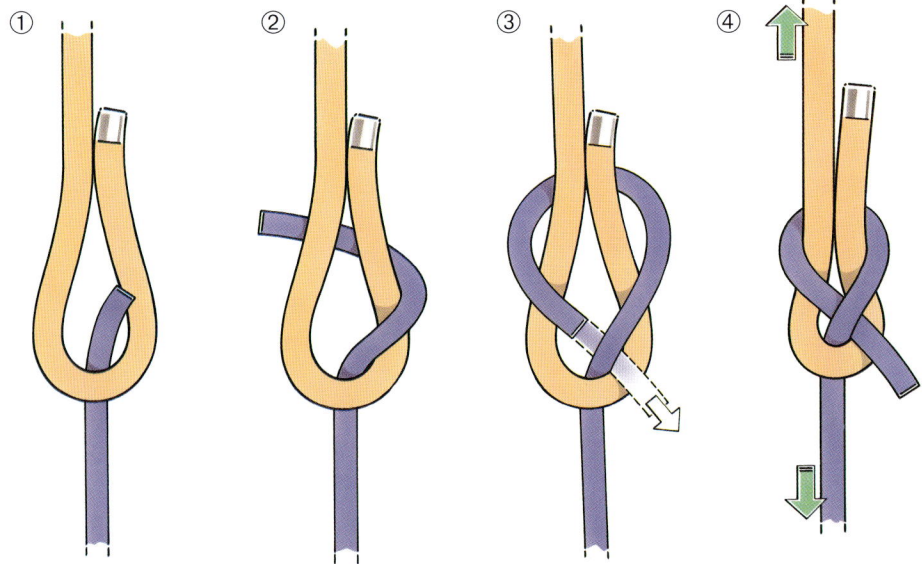

Flämischer Knoten

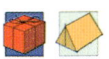

Ein einfacher und schnell zu machender Knoten und einer der stabilsten, um Leinen und Schnüre miteinander zu verbinden. Man legt in die eine Leine einen Achtknoten (1) und folgt dessen Verlauf mit der anderen (2). Knoten an allen vier Parten festziehen (3).

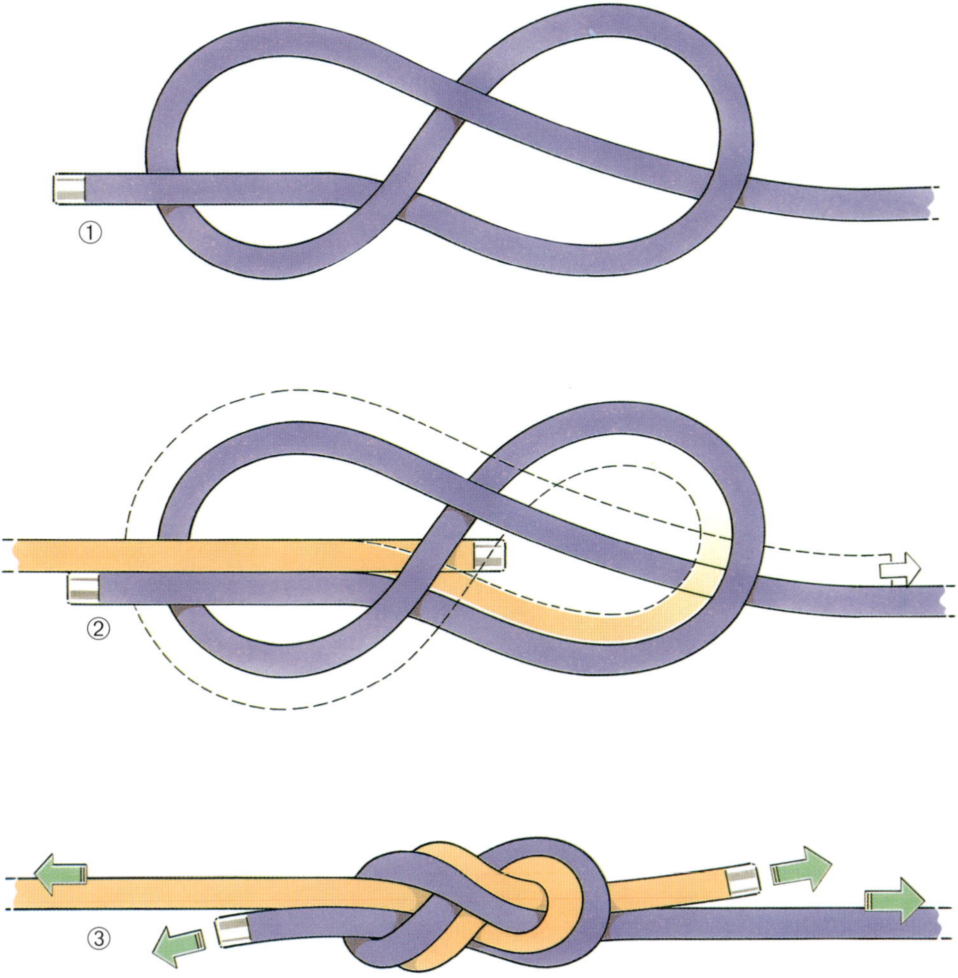

Trossenstek

Dieser stabile Knoten besteht aus zwei Augen, die miteinander verschlungen sind (3). Er war der meistbenutzte Knoten auf Windjammern. Andere Bezeichnungen wie Cowboyknoten, Warpknoten oder Ankerstek spiegeln seine vielfältigen Verwendungsmöglichkeiten. Er wird hauptsächlich zum Verbinden zweier Trossen benutzt, die wenig lehnig sind. Beim Zuziehen wird er so sperrig, daß er nicht mehr durch den Karabiner paßt – denn eigentlich wäre der Trossenstek sehr gut geeignet für die Bedürfnisse der Bergsteiger.
Man legt in den Tampen der einen Trosse ein Auge und formt mit dem Tampen der zweiten Trosse ebenfalls ein Auge – wie in (1) gezeigt. Den Stek an beiden festen Parten dichtholen (2).

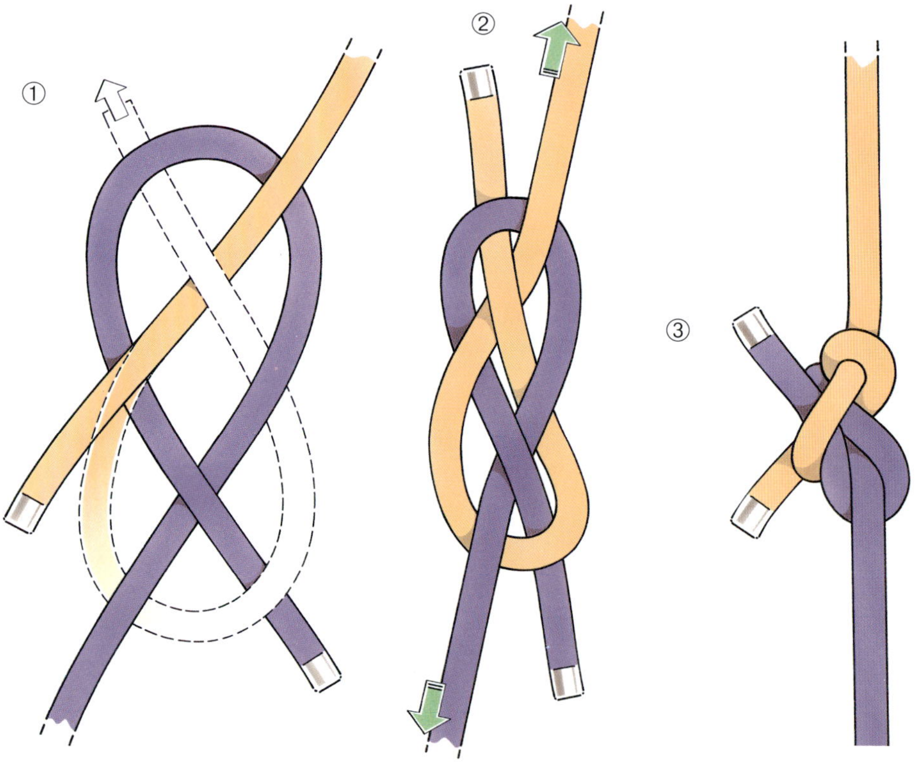

Laufende Knoten

Laufender Palstek

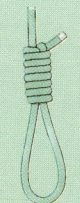
Henkerknoten

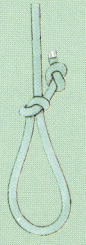
Schlinge

Laufende Knoten, auch Slipknoten oder Schlingen, ziehen sich eng um das Objekt, um das sie gelegt werden, und lösen sich, sobald der Zug nachläßt. Sie werden in zwei Gruppen eingeteilt: jene, die am Ende einer Leine durch Führen einer Bucht durch ein festes Auge entstehen, und solche, die mit einer geschlossenen Bucht am Ende oder im Verlauf einer Leine geknotet werden. Laufende Knoten gehören zu den ältesten bekannten Knoten: In prähistorischer Zeit wurden die Schlingen dazu benutzt, Tiere zu fangen.

Laufender Palstek

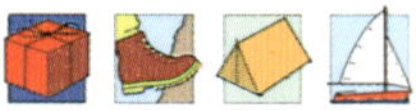

Der laufende Palstek ist vermutlich der einzige Laufknoten, der von Seeleuten benutzt wird: im laufenden Gut oder zum Auffischen eines über Bord gefallenen Gegenstandes.

Man bildet nahe am Tampen der Leine ein Auge und legt als Teil dieses Auges ein zweites, kleineres (1). Den Tampen über die feste Part dort hineinführen (2), anschließend von außen nach innen unter die feste Part des ersten Auges und zurück in das zweite, wo er herausgekommen ist (3). Schließlich den Knoten festziehen (4).

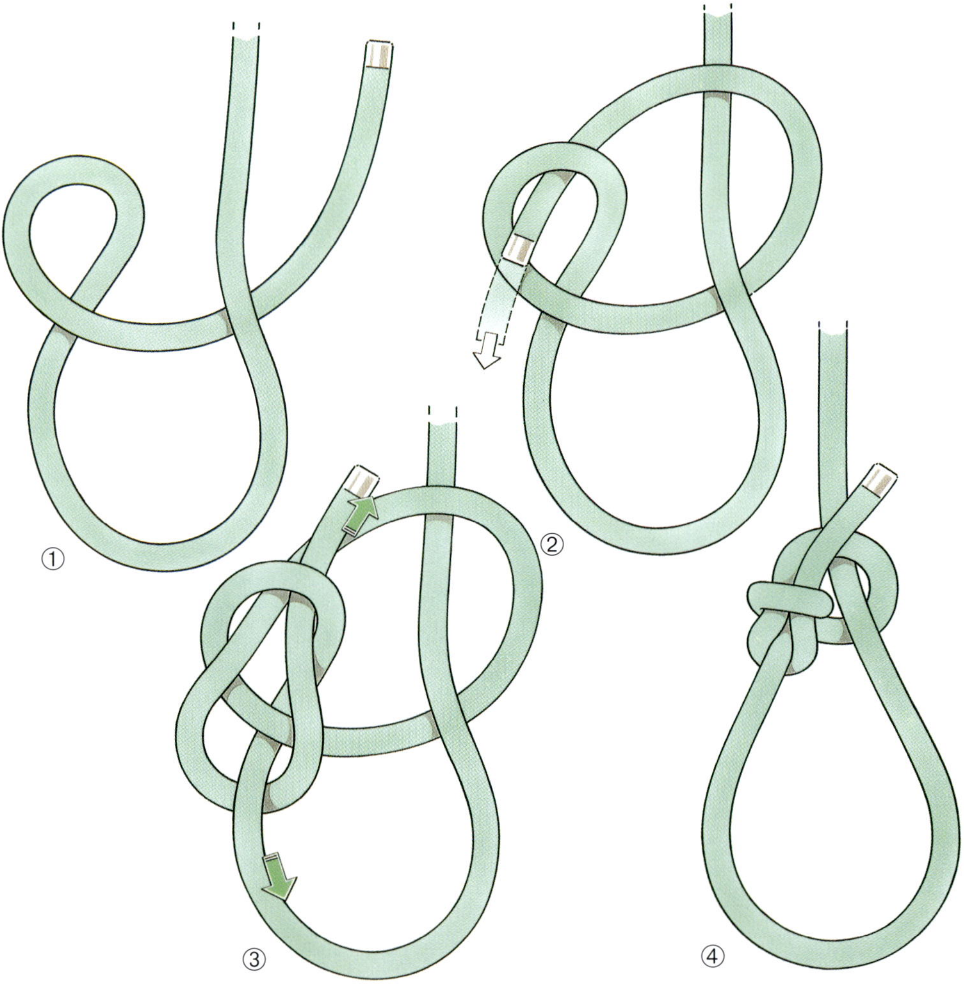

Henkerknoten

Der Name geht auf die frühere Verwendung des Knotens zurück. Es ist ein fester Knoten, der leicht gleitet. Die Anzahl der Törns variiert zwischen 7 und 13, traditionell wird eine ungerade Anzahl benutzt.

Eine Bucht bilden, den Tampen lang lassend, an ihrer linken Seite eine zweite Bucht (1). Um beide Buchten eine Anzahl Törns drehen, den Tampen von rechts nach links führend (2). Törns dichtschieben und Tampen ins Auge der zweiten Bucht stecken (3). Prüfen, ob die Bucht frei läuft (4).

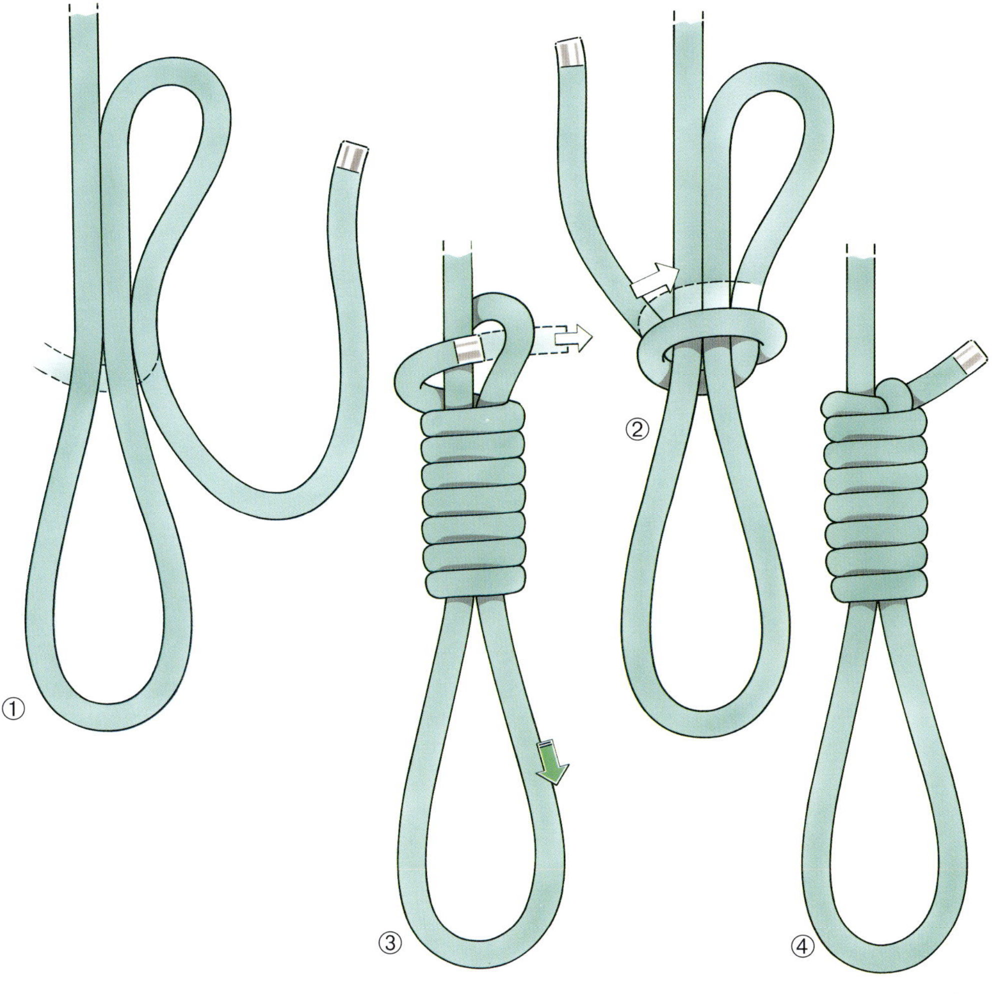

61

Schlinge

Dieser Knoten ist gut zu verwenden, wenn man ein Paket schnürt. Eine Schlinge ist auch dann sinnvoll, wenn es schwierig ist, an dem Gegenstand, um den sie gelegt werden soll, nahe heranzukommen. Man könnte beispielsweise den Tampen um den Fuß des unerreichbaren Objekts legen, eine Schlinge machen und sie festziehen.
Ein zusätzlicher Stopperknoten auf dem Tampen verhindert, daß die Schlinge sich löst (3).

Verkürzungssteke

Lange Trompete

Festes Auge

Wie der Name schon sagt, benutzt man Verkürzungssteke zum Kürzen einer Leine. Eine kurze Leine ist vielleicht erforderlich, um einen Wagen zu ziehen oder eine Last anzuheben. Eine gekürzte Leine ist immer sicherer als eine nach dem Durchschneiden aus zwei Enden zusammengeknotete – zumal die gesamte Länge der Leine schon kurz darauf wieder gebraucht werden könnte. Verkürzungssteke macht man auch dann, wenn ein abgenutztes oder beschädigtes Teil der Leine überbrückt werden soll.

Lange Trompete

Die Lange Trompete ist ein Seemannsknoten: Er schamfilt nicht, ist leicht wieder zu lösen und bekneift sich gut. Der Stek hält aber nur, wenn Kraft auf ihm steht. Die Lange Trompete bietet die beste Möglichkeit, eine lange Leine zu kürzen. Die Anzahl der Augen variiert zwischen 3 und 5 und bestimmt sowohl den Halt als auch das Maß der Verkürzung.

Die Leine mit links von unten fassen, rechts herum drehen und so das erste Auge bilden. Genauso das zweite und dritte Auge legen und dann die rechte Part des neuen Auges unter die linke seines rechten Nachbarn schieben (1). Durch die äußeren Augen das mittlere Auge ergreifen und seine Parten nach rechts und links herausziehen (2). Die verbliebenen Augen dichtholen (3).

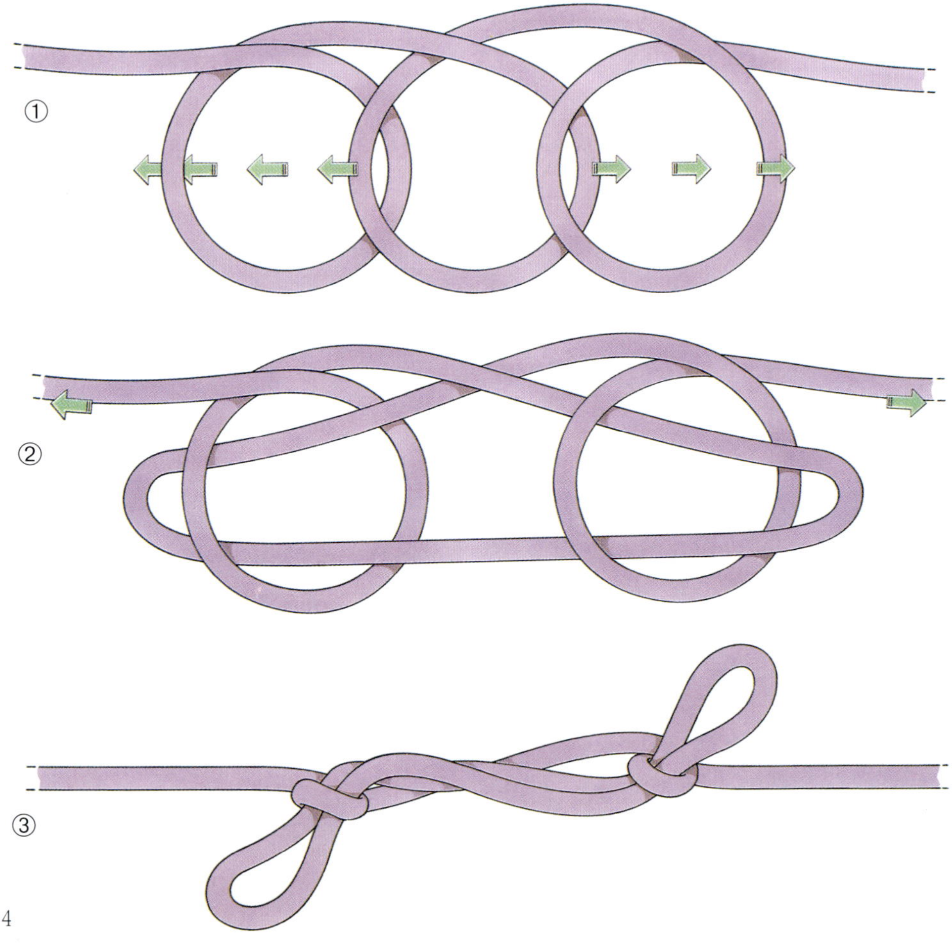

Festes Auge

Die einfachste Art, eine beschädigte Stelle in einer Leine zu überbrücken: Sie wird einfach von dem Auge aufgenommen (3). Der Knoten eignet sich auch zum Abschleppen eines Fahrzeugs.

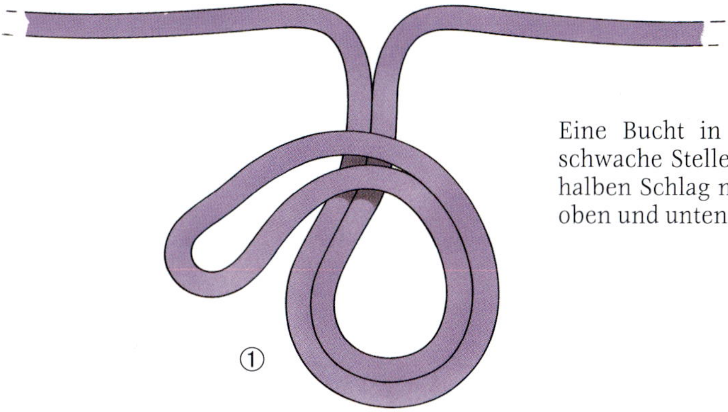

Eine Bucht in die Leine legen, wobei die schwache Stelle in der Mitte liegt, und einen halben Schlag machen (1). Den Knoten nach oben und unten festziehen (2).

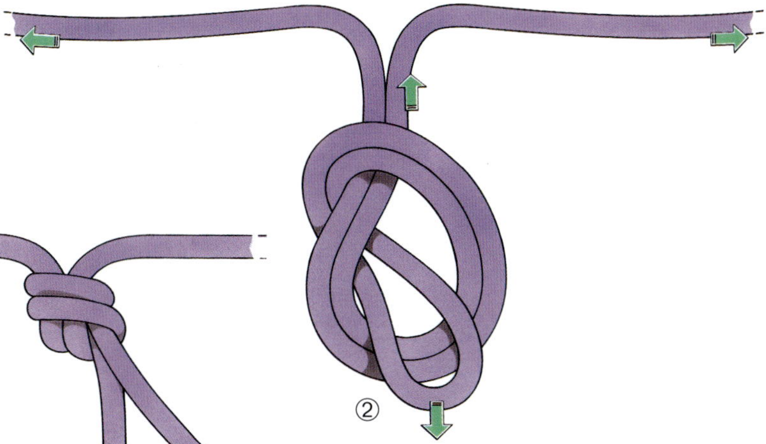

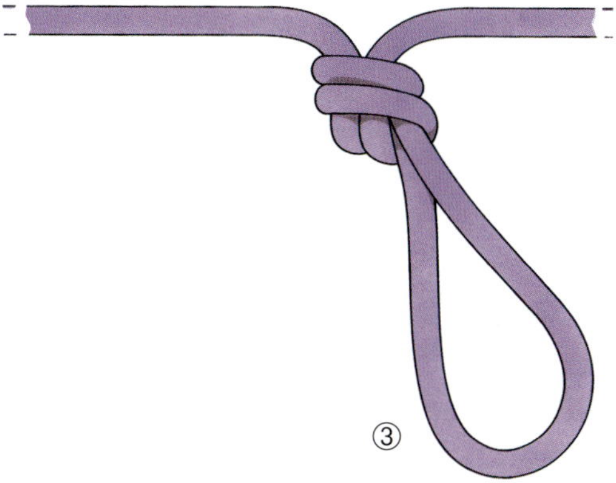

Die Knoten für Sportangler unterscheiden sich von den Knoten für Seeleute, Kletterer und Camper: Sie werden in monofiler (einfädiger) Kunststoffschnur gemacht, und für derartiges Material ist es charakteristisch, daß sich die Knoten, wenn sie einmal zugezogen wurden, im Normalfall nicht wieder lösen lassen. Jeder Anglerknoten hat seine spezielle Aufgabe, und es kann sein, daß gleichzeitig bis zu acht Knoten gebraucht werden. Ein einzelner Knoten kann sich beispielsweise eignen, um zwei Schnüre zu verbinden, um das Vorfach an die Wurfschnur zu knoten oder um einen Blinker, Pilker oder Wirbel zu befestigen. Der gleiche Knoten kann aber für andere Zwecke völlig ungeeignet sein.

Es hat sich bewährt, die monofilen Kunststoffschnüre vor dem Knoten anzufeuchten, die Schnur wird dann geschmeidiger. Verwendet man eine Schnur aus stärkerem monofilen Material, wird man zwei Zangen einsetzen müssen. Man wird kaum in der Lage sein, den Knoten mit den Händen ganz dichtzuziehen. Man sollte nicht der Versuchung nachgeben, beim Anfertigen des Knotens ein Schmiermittel (z. B. Silikon) zu verwenden, um den Knoten leichter festziehen zu können. Das Schmiermittel bleibt im Knoten haften und erhöht die Gefahr, daß er sich beim Angeln löst. Je dünner die Schnur, desto leichter läßt sich der Knoten festziehen. Die Dicke der Schnur beeinflußt wesentlich, welchen Knoten man am besten verwendet. Einige Knoten, die man mit dünnem Monofilament leicht anfertigen kann, eignen sich nicht für dickeres Material, weil sich dann der Knoten nicht festziehen läßt. Zwei monofile Schnüre lassen sich sicherer zusammenknoten, wenn sie von ein und demselben Hersteller sind. Das gilt auch für Schnüre unterschiedlicher Stärke. Die Schnüre der einzelnen Hersteller haben eine unterschiedliche Steifigkeit, die die Haltbarkeit der Knoten wesentlich beeinflußt.

Sitzt der Knoten fest, sollte er noch ein wenig getrimmt werden. Auf keinen Fall sollte man den überstehenden Knotenrest abbrennen. Dadurch wird der Knoten zu leicht beschädigt. Man sollte einen Nagelknipser, eine Schere, einen Vorschneider oder ein Cut-Messer benutzen, um das überstehende Ende so nahe wie möglich am Knoten im Winkel von 45° abzuschneiden, damit es nicht vorsteht. Andernfalls könnte es sich im Haken verfangen oder einen Schnursalat verursachen.

Einige Knoten können eine starke Belastung vertragen. Dem widerspricht nicht, daß sie reißen, wenn sie einem plötzlichen Ruck ausgesetzt werden. Sie können die Eigenschaften der verschiedenen Knoten testen, indem Sie einen Freund bitten, die Enden einiger Schnüre festzuhalten, während Sie an den anderen Enden ziehen. Wichtig ist, daß beide dabei ihre Hände mit Handschuhen schützen oder zwei Rundhölzer verwenden, um die die Schnüre gelegt werden.

Knoten für Sportangler

Grinnerknoten

Blutknoten

Weil die Bedingungen an einem Flußufer gelegentlich nicht ideal sind, ist es wichtig, daß der Sportangler die Fertigkeit besitzt, eine Reihe von Knoten zu machen, bevor er die Leine auswirft. Knoten müssen sorgfältig und korrekt angefertigt werden, wenn sie ihren Zweck erfüllen sollen. Nasses und windiges Wetter, auch trübes Licht sind nicht die idealen Voraussetzungen, um einen Knoten zum erstenmal auszuprobieren. Man muß die auf den folgenden Seiten beschriebenen so lange üben, bis man sie beherrscht – dann beherrscht man sie auch am Flußufer.

Abzweigknoten

Doppelter Grinnerknoten

Clinchknoten

Doppelte Überhandschlaufe

Turlknoten

Nähnadelknoten

Wasserknoten

Blutknoten

Der Blutknoten wird auch Tonnenknoten genannt, was daher rührt, daß die vielen Törns am Schluß eine zylindrische Tonne bilden. Die Tragkraft der Angelschnüre wird durch den Knoten nur wenig gemindert, und er hält am besten, wenn die Schnüre mehr oder weniger gleich dick sind. Da Angler fast ausschließlich dünne Schnüre verwenden, lassen sich die Knoten, wenn sie sich erst bekniffen haben, nicht mehr lösen – gewöhnlich wird die Schnur abgeschnitten.

Man richte sich nach den folgenden Sequenzen und achte darauf, daß der Knoten symmetrisch aussieht. Um ihn dichtzuholen, wird erst an den Tampen und danach an den stehenden Parten gezogen.

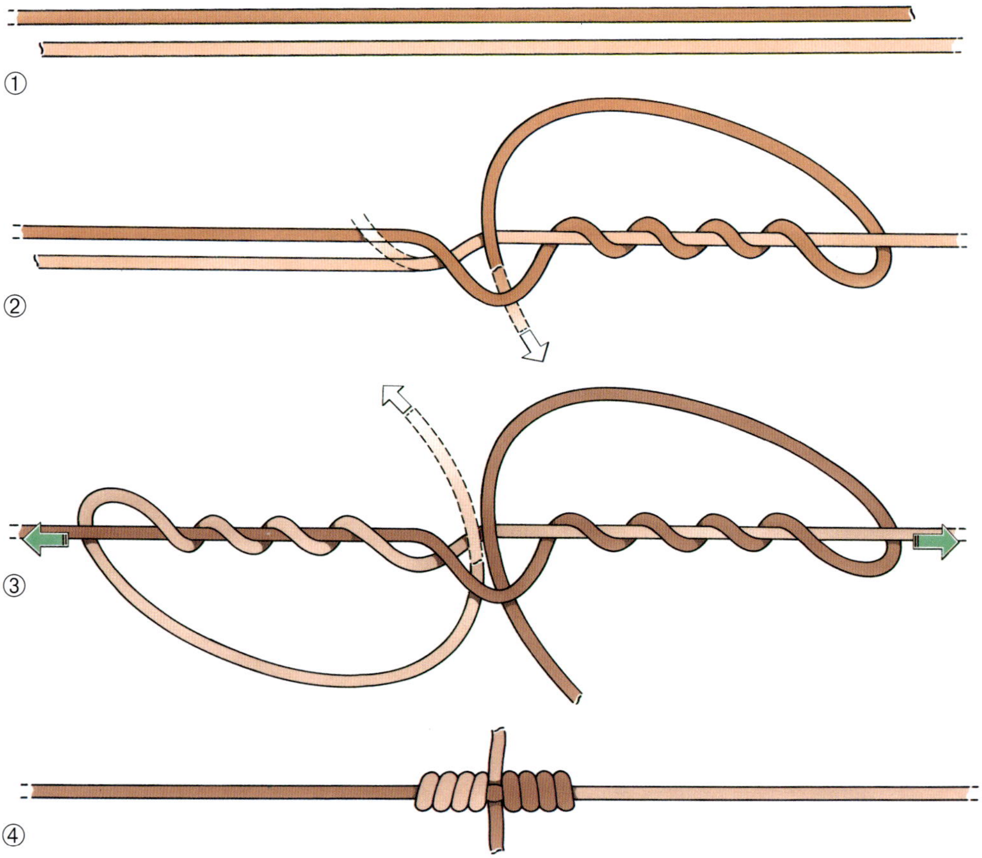

Abzweigknoten

Der Abzweigknoten – auch Blutknotenschlaufe genannt – wird an Stelle von Seitenarmen beim Binden von Paternoster-Vorfächern oder für das Anbinden von Beifängern beim Pilken verwendet. Paternosterangeln sind solche mit mehreren Seitenarmen.

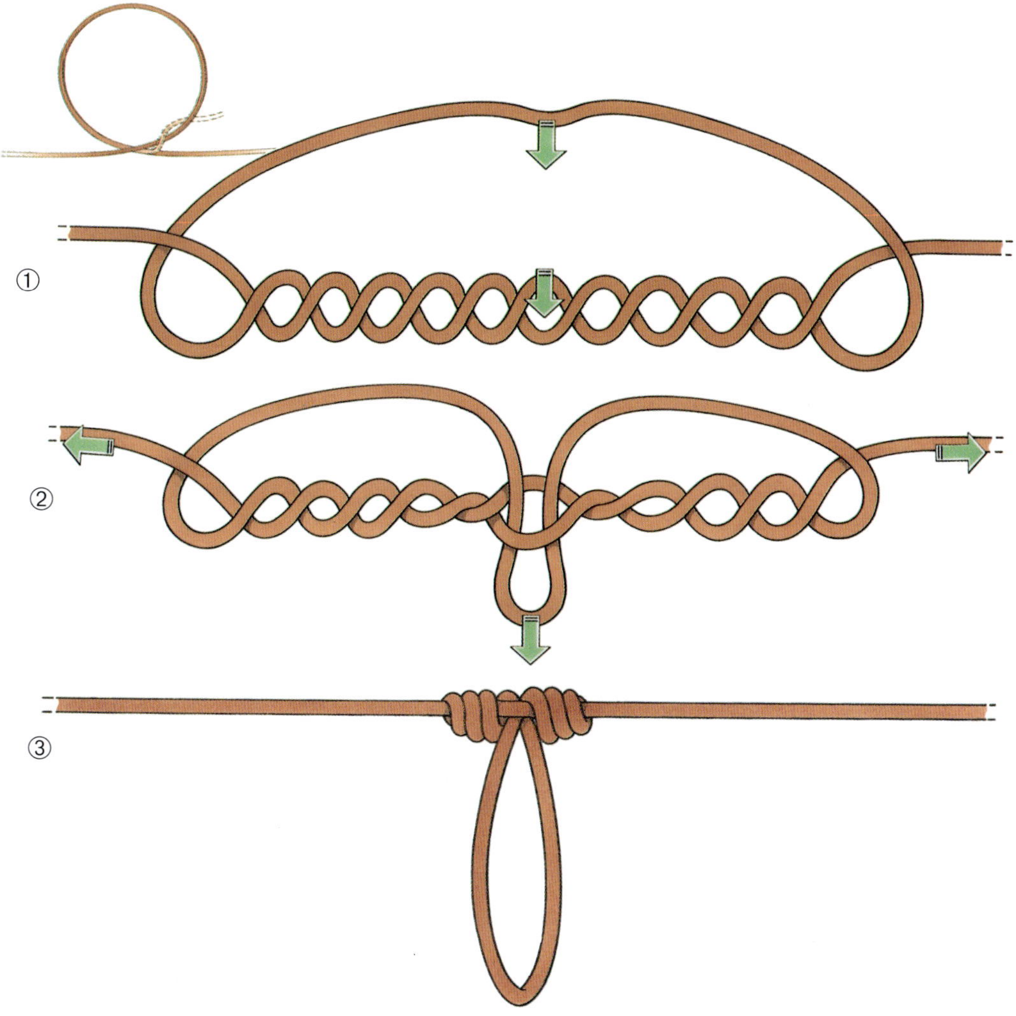

①

②

③

Clinchknoten

Den Clinchknoten – auch Wirbelknoten genannt – benutzen Sportangler, um einen Wirbel oder einen Haken an der Schnur zu befestigen. Er ist leicht erlernbar und läßt sich schnell fertigen. Freilich ist er nur für dünne monofile Schnüre geeignet.

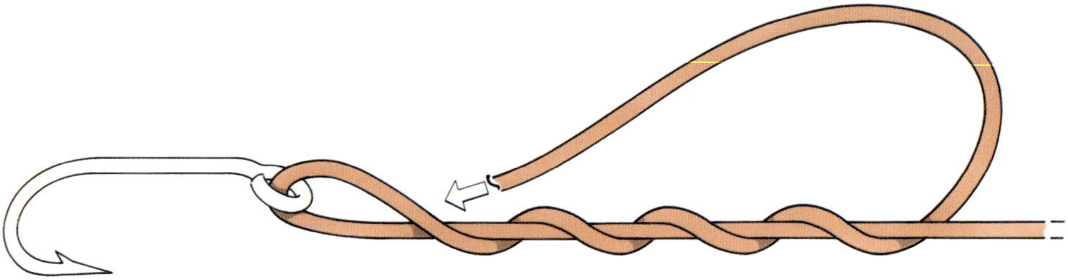

①

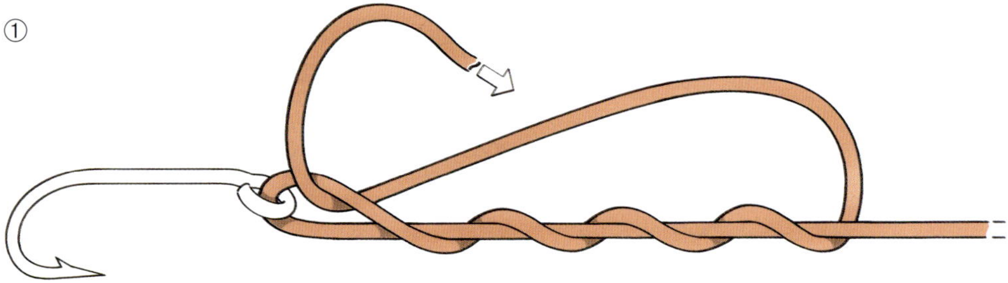

②

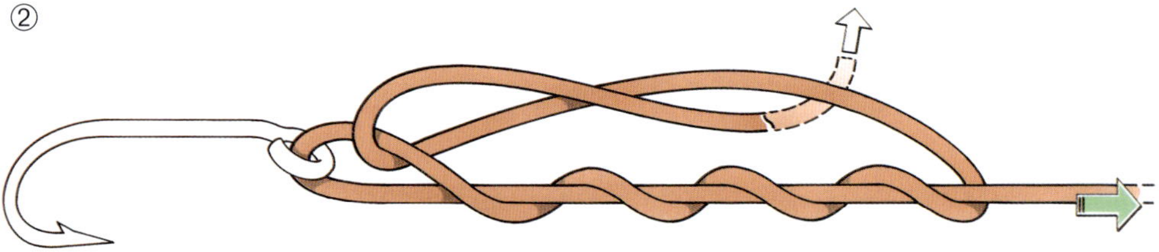

③

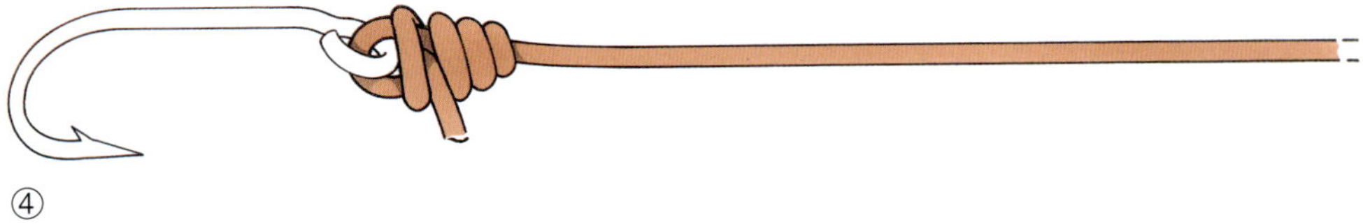

④

Turlknoten

Dieser im Jahre 1884 nach seinem Erfinder, dem Engländer Turl, benannte Knoten wird dazu benutzt, um die Schnur an einem Haken mit nach vorn oder hinten gebogenem Auge zu befestigen.

Die Schnur wird durch das Auge des Hakens gezogen und mit einem Überhandknoten versehen, und dann wird der Haken durch die Schlaufe gesteckt (blauer Pfeil).

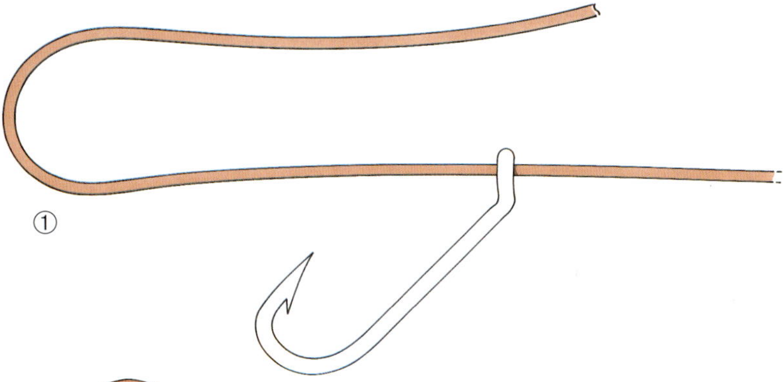

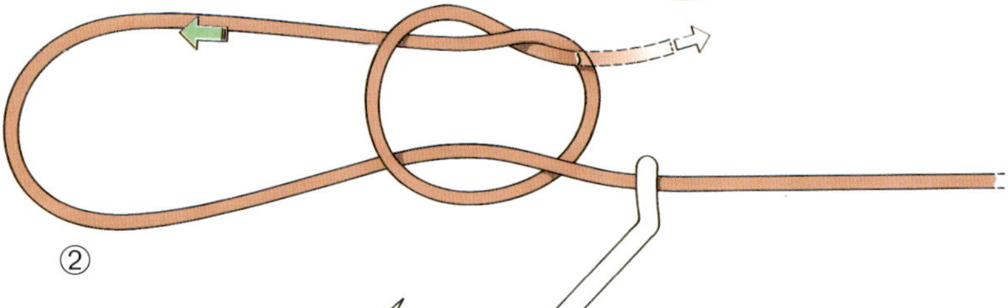

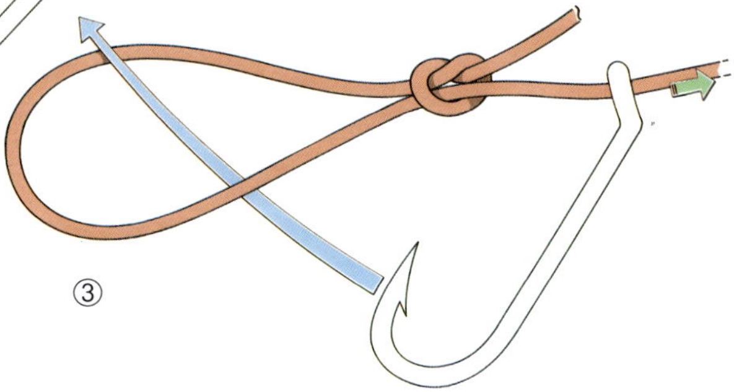

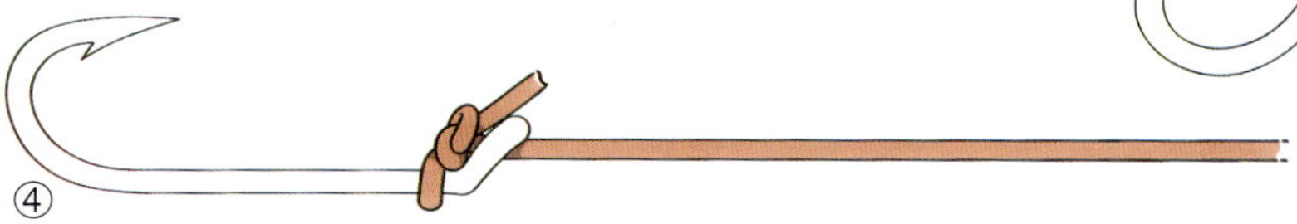

Wasserknoten

Dieser 1896 erstmals veröffentlichte Knoten eignet sich hervorragend, um zwei Schnüre unterschiedlicher Stärke miteinander zu verbinden. Sie sollten nicht allzu lang sein, weil die stehende Part bei jedem Törn durch die Schlaufe gezogen werden muß. Ist die Schnur noch auf der Rolle, vereinfacht dies die Arbeit.

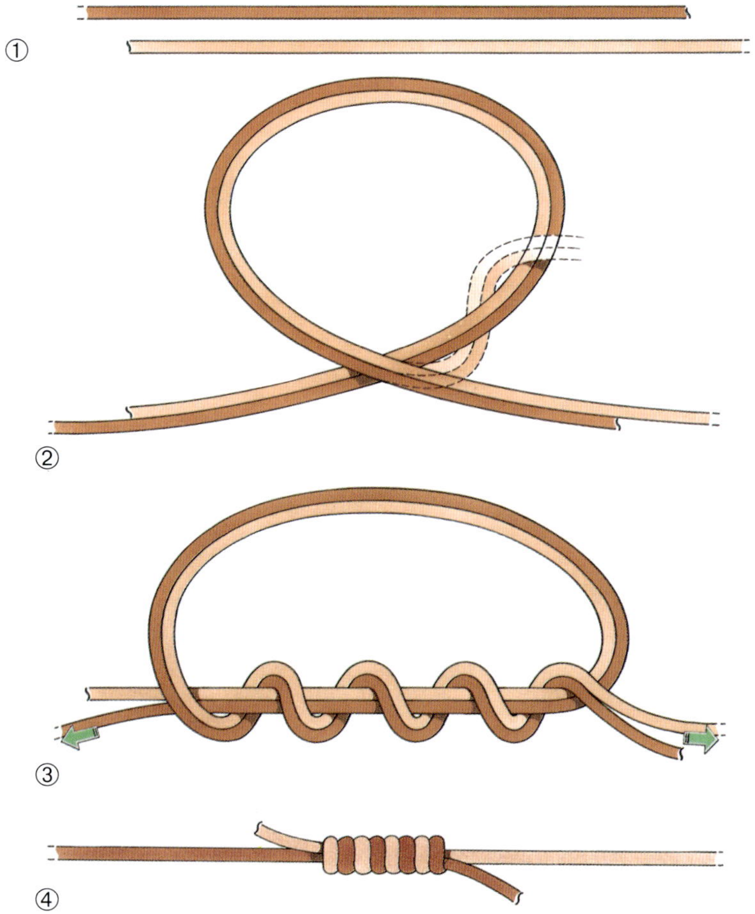

①

②

③

④

Grinnerknoten

Dies ist ein vorzüglicher Knoten, mit dem man eine Fliege oder einen Haken mit Auge entweder ans Vorfach (kurzes Stück Schnur zwischen der Hauptschnur und der Fliege) oder an eine dünne Senkschnur (dünnes, für Fische kaum erkennbares Verbindungsstück am Vorfach) knoten kann.

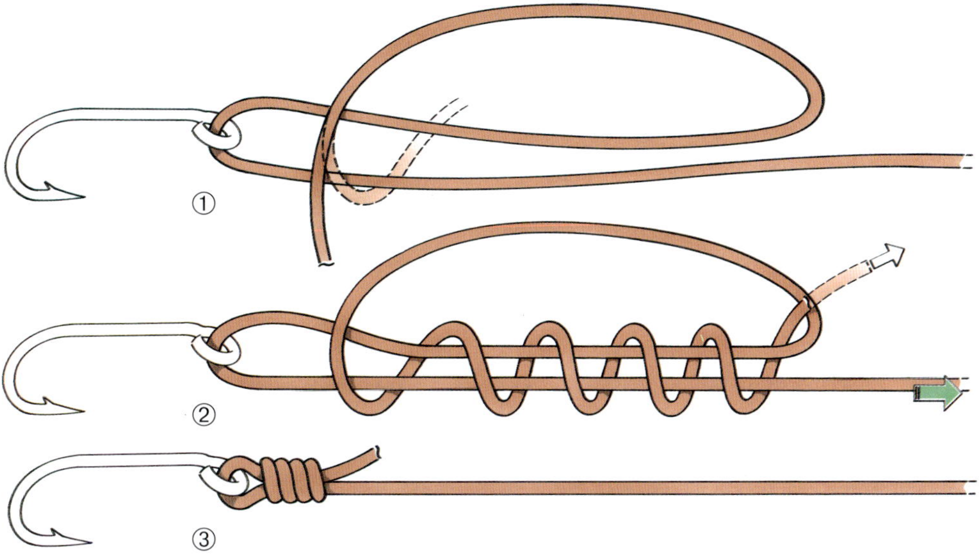

Der Grinner- und der Clinchknoten sind am besten geeignet, eine Fliege an der Schnur zu befestigen. Da sie nicht leicht zu machen sind, sollte man sie zunächst zu Hause üben.

Doppelter Grinnerknoten

Dieser Knoten besteht aus zwei Grinnerknoten oder Überhandknoten, die gegeneinandergezogen werden. Er wird von Hochseeanglern benutzt, die große Fische mit kleinen Spinnern an sehr dünnen Senkschnüren fischen wollen.

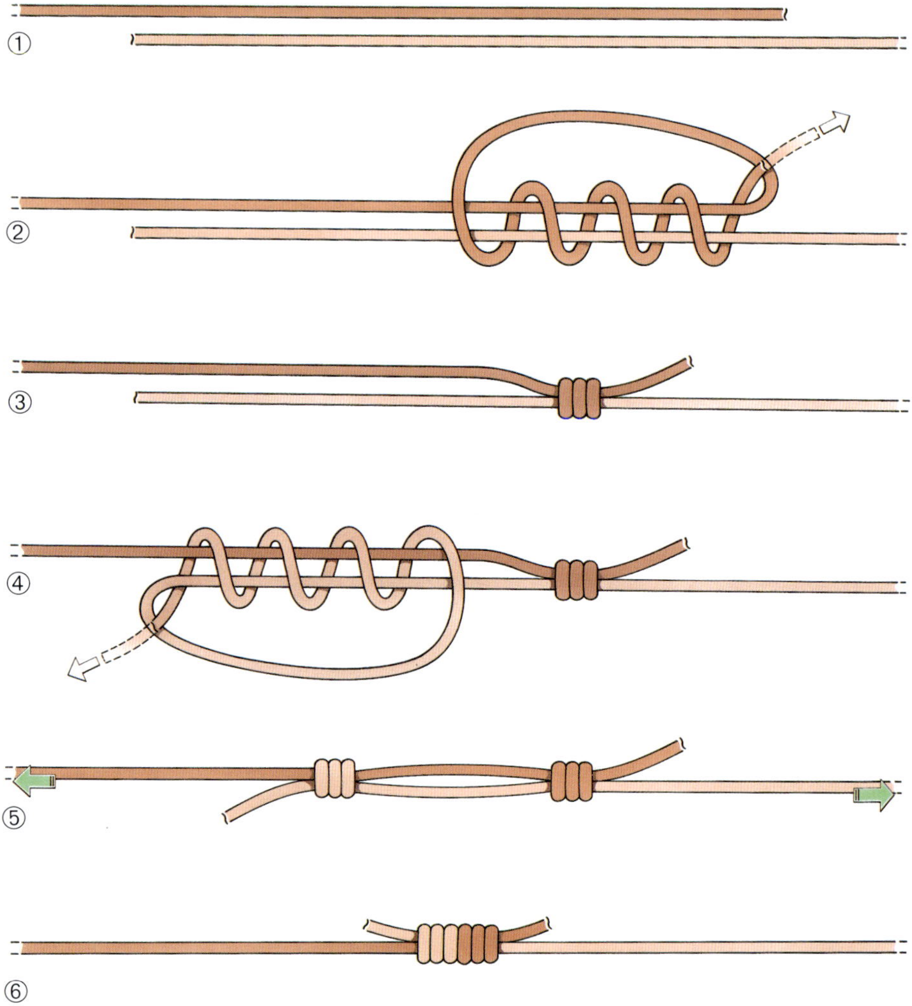

Doppelte Überhandschlaufe

Dieser Knoten wird auf die gleiche Weise gemacht wie der Chirurgenknoten (S. 52), allerdings mit nur einer Schnur. Die Schlaufe slippt nicht und ist schnell geknotet.

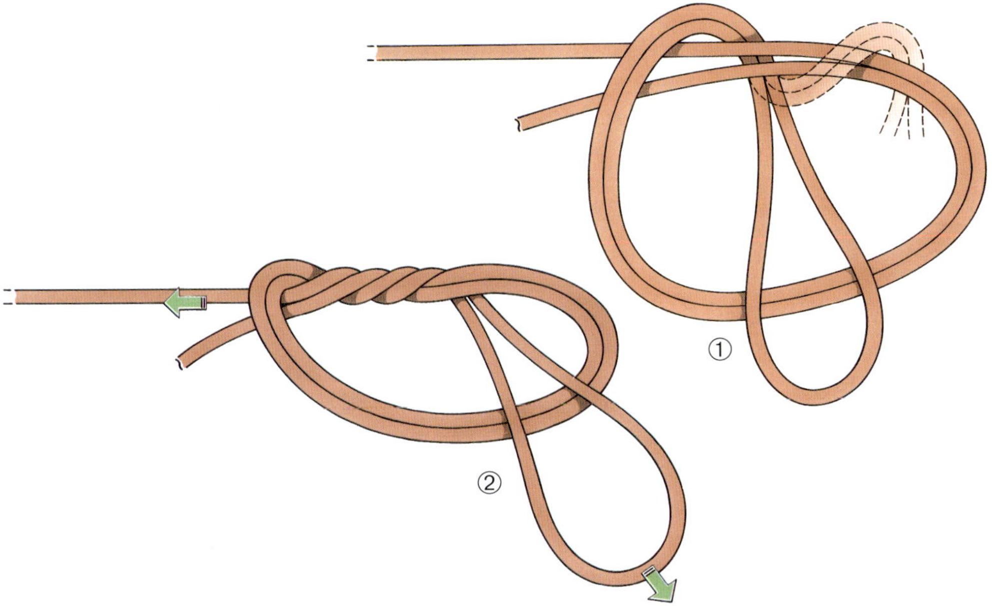

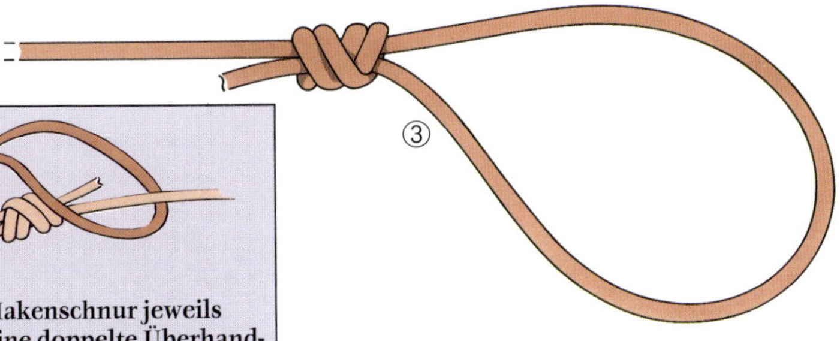

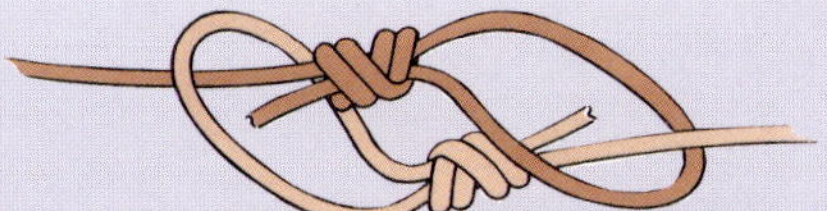

Mit derartigen Schlaufen lassen sich leicht und schnell Hakenschnüre an einer Angelschnur befestigen. Man knotet ins Ende der einen Schnur und der Hakenschnur jeweils eine doppelte Überhandschlaufe, streift die Schlaufe mit dem Haken über die andere Schlaufe und steckt den Haken durch diese Schlaufe.

Nähnadelknoten

Dieser Knoten wird benutzt, um einen glatten Übergang von der dünnen Schnur mit der Fliege zu der dickeren Vorfachschnur zu bekommen. Dies ist nicht nur eine Möglichkeit, eine monofile Schnur extrem fest an der Wurfschnur zu befestigen, sondern auch »Trümmer« zusammenzuflicken, wenn man die Leine wieder aufgefischt hat.

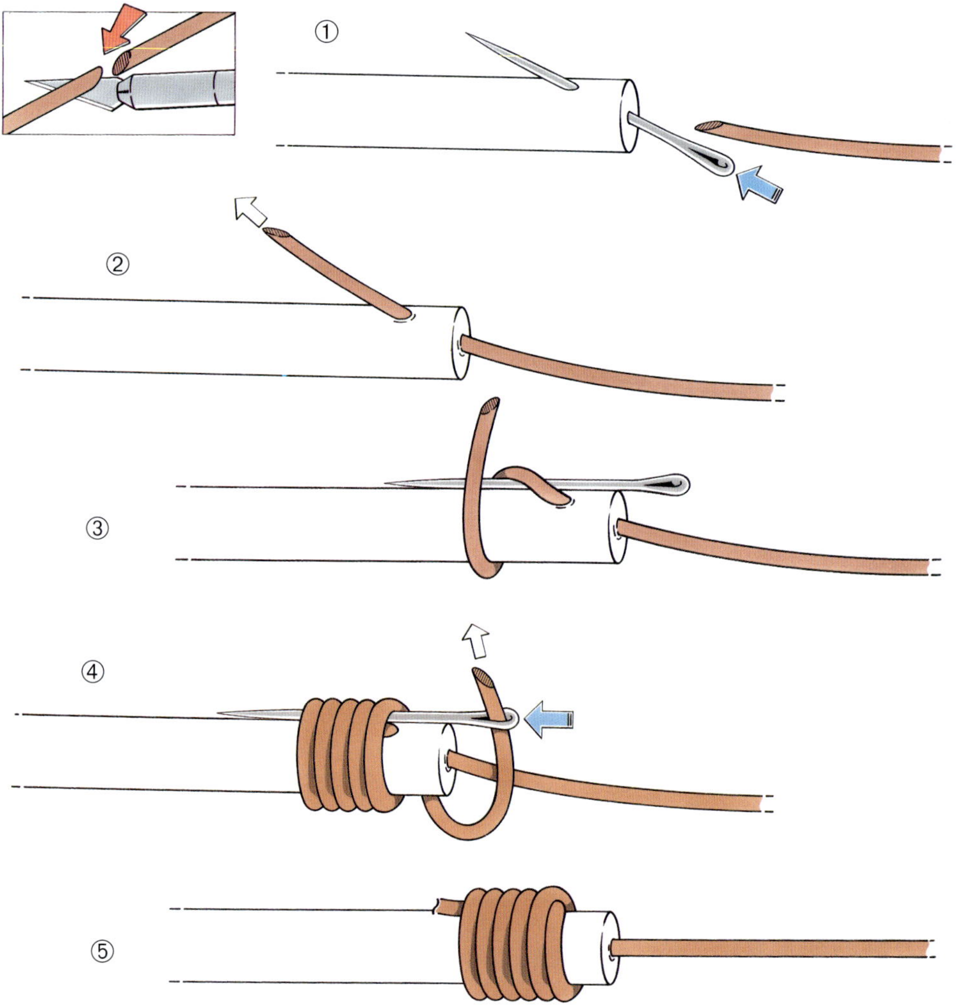

Glossar

aufschießen – eine Leine in Buchten zusammenlegen

Auge – Ausgangslage vieler Knoten, durch zwei sich kreuzende Parten einer Leine gebildet

ausfransen – das Auflösen der Kardeele und Garne eines nicht geschützten Tampens

Bändsel – dünne und kurze Leine zum Zusammenbinden oder Zurren

bekneifen – zwei Parten bekneifen sich z. B. auf einer Klampe, wenn die obere die untere festklemmt

belegen – eine Leine auf einem Poller, einer Klampe o. ä. durch bestimmte Knoten befestigen

Bruchlast – oberste Belastungsgrenze eines Seils

Bucht – haarnadelförmiges Nebeneinanderlegen der Parten einer Leine

Bunsch – die zusammengenommenen Törns einer aufgeschossenen Leine

dichtholen – das Zusammenziehen der Parten eines Knotens, auch Heranziehen eines Segels zur Bootsmitte

Ende – ein kurzes Stück Leine oder Tau

Fall – eine Leine zum Setzen und Halten des Segels

feste Part – der Teil einer Leine, mit dem z. B. bei der Anfertigung von Knoten nicht gearbeitet wird

Festmacher – Leine, durch die ein Boot an Poller, Ring oder Pfahl festgehalten wird

fieren – dem Zug einer Leine nachgeben, ihr Lose geben

Fliege – Köder in Fliegenform zum Forellenangeln

Garn – aus Fasern hergestellter Faden als Grundlage zur Herstellung von Tauwerk

geflochtenes Tauwerk – Tauwerk, das zopfähnlich um eine Seele oder einen Kern herum verarbeitet ist

holende Part – bei einer Leine dasjenige Ende, das man holt bzw. mit dem man den Knoten fortführt

kappen – Durchtrennen einer Leine oder Trosse im Falle einer Gefahr mit einem Messer oder einer Axt

Kardeel – aus Garn gedrehtes Einzelteil einer geschlagenen Leine

Keep – der Zwischenraum zwischen den Kardeelen einer geschlagenen Leine

Kinken – ungewollte Augen oder Verknotungen in einer Leine, die das Arbeiten mit ihr behindern

Klampe – ein Beschlag aus Holz oder Eisen zum Belegen von Fallen, Schoten u. ä.

laufendes Gut – alles Tauwerk, das im Rigg der Bedienung der Segel dient oder sonst bewegt wird

Leine – allgemein alles Tauwerk vom schwächsten Bändsel bis zur stärksten Trosse

Leitauge – Auge aus Holz oder Metall, das zur Führung oder Umlenkung einer Leine dient

lose Part – der Teil einer Leine, mit der z. B. bei der Anfertigung eines Knotens gearbeitet wird

Monofilament – einzelne Kunstfaser von mindestens 0,1 mm Durchmesser

Part – Teil einer Leine, z. B. bei einer Talje, beim Anfertigen von Knoten o. ä.

Paternoster – Angelschnur mit mehreren Haken und Ködersystemen in regelmäßigen Abständen

Pilke – Köder in Fischform mit Drillingshaken

Poller – ein meist eiserner, auf Deck oder Pier angebrachter Pfahl zum Festmachen

rechtsgeschlagenes Tauwerk – Tauwerk, dessen Kardeele bei der Herstellung rechtsherum verdrillt wurden

Reck – das Längerwerden einer Leine unter Belastung

schamfilen – Scheuern, Reiben und durch lang anhaltenden Kontakt beschädigen

Schnur – im Sinne einer Angelschnur

Schot – Leine, mit der ein Segel in den gewünschten Winkel zum Wind eingestellt wird

Seele – auch Kern genannt, der innen liegende Teil einer geflochtenen Leine

Seil – Sammelbezeichnung für jede Art von Tauwerk

slippen – eine auf Slip gelegte Leine loswerfen

stehende Part – bei der Anfertigung von Knoten der Teil einer Leine, mit dem nicht gearbeitet wird

Tampen – das Ende einer Leine, auch ein kurzes Stück Leine als Ganzes

Tauwerk – Sammelbegriff für jegliche Leinen, Trossen usw. an Bord eines Schiffes

Törn – Herumführung einer Leine um einen Gegenstand, bei der die Parten sich gegenläufig treffen

Trosse – schweres Tauwerk von großem Durchmesser

vertörnen – eine Leine ist vertörnt, wenn sie völlig durcheinandergeraten ist und Kinken bildet

Vorfach – kurzes Stück Schnur zwischen der Hauptschnur und der Fliege

Wurfleine – dünne Leine, mit einer stärkeren verbunden und vorweggeworfen, damit sich diese leichter über eine längere Strecke hinwegbringen läßt; ein Tampen ist mit einem Wurfleinenknoten beschwert

zusammenstecken – zwei Leinen mittels Knoten bzw. Steke miteinander verbinden

Register

Abzweigknoten 69
Achtknoten 19
Achtknoten, doppelter 38
Achtknoten, gesteckter 39
Affenkette 20
Altweiberknoten 50
Anglerknoten 53
Anglerschlaufe 48
Ankerstek 58
Auge, festes 65

Blutknoten 17, 68
Blutknotenschlaufe 69

Chirurgenknoten 52
Clinchknoten 70
Cowboyknoten 58

Diebesknoten 52
Doppelter Achtknoten 38

Englischer Knoten 53

Flämische Schlaufe 38
Flämischer Knoten 57
Flaggenstek 56
Franziskanerknoten 18
Französischer Knoten 17

Gesteckter Achtknoten 39
Grinnerknoten 73
Grinnerknoten, doppelter 74

Hakenschlag 32
Halber Schlag 23

Henkerknoten 61
Hunter's Bend 55

Katzenpfote 31
Kreuzknoten 50, 51
Kuhstek 25

Lange Trompete 64
Lerchenkopf 25
Liebesknoten 53

Mastwurf 36
Mönchsknoten 18

Nähnadelknoten 76

Palstek 40
Palstek,
   gezogen und gesteckt 42
Palstek,
   Bergsteiger-Methode 43
Palstek, doppelter 44
Palstek, laufender 60
Palstek, Spanischer 46
Prusikknoten 35

Rauschknoten 56
Reffknoten 50, 51
Ringstek 25
Roringstek 30
Roringstek mit halbem
   Schlag 30
Rundtörn mit halben
   Schlägen 34

Schlaufenknoten 16
Schlinge 62
Schotstek 56
Sprossenknoten 24
Stopperstek 33
Straßenräuberstek 22

Tonnenknoten 68
Trompete, Kurze 31
Trompete, Lange 64
Trossenstek 58
Turlknoten 71

Überhandknoten 16
Überhandknoten,
   mehrfacher 17
Überhandschlaufe,
   doppelte 75

Warpknoten 58
Wasserknoten 72
Webeleinstek 27
Webeleinstek
   als Pfostenstek 28
Webeleinstek
   an einem Ring 29
Weintraubenknoten 54
Wirbelknoten 70
Würgeknoten 25
Wurfleinenknoten 18

Zimmermannsstek 26
Zwei halbe Schläge 23